# 巨人軍解体新書

ゴジキ(@godziki_55)

光文社新書

# はじめに

私は巨人軍が大好きだ。物心ついた時から、テレビ放映の影響もあり野球＝ジャイアンツであった。好きな選手は松《まつ》井《い》秀《ひで》喜《き》と坂《さか》本《もと》勇《はや》人《と》。王道が好きなのである。

野球は、飽き性な自分が唯一、人生の大半を費やすほどのめり込んだ趣味だ。野球を見始めてからずっと巨人ファンであるが、00年代中盤の低迷期は正直なところ、野球を見ること自体が辛い瞬間もあった。ただ、そうした苦しい時期も通ってきたからこそ、一生ファンを辞めることはないだろう。

本書は私がずっと追いかけ続けてきた21世紀の読売ジャイアンツの歴史、そして未来への展望を一ファンの視点で綴《つづ》ったものである。巨人の強さはどこから来ているのか？　金の力で勝てるチームは作れるのか？　伝統とは何なのか？　どうすればパ・リーグに勝てるのか？　……などなど、尽きない疑問への「答え」にまではたどり着かないかもしれないが、

「考えるヒント」を提供できれば幸いだ。

執筆する上で心掛けたのは、これまでにない「巨人軍のバイブル」にすることだ。自分自身が多くの試合やプレーを見ていた21世紀以降を中心に、今持っている全ての知識と感覚を注ぎ込んだ。巨人ファンに限らずアンチも含め、多くの野球ファンの方に楽しんで読んでもらえたら嬉しい。21年シーズンのお供としてだけではなく、数年後に本書の考察が当たっているか否《いな》かを答え合わせしてみるのも一興だろう。

なるべく丁寧な記述を心掛けたが、他球団のファンからすれば若干きつい表現もあるかもしれない。もちろんどの球団にも良い選手や監督がいて、巨人も幾度《いくど》となく苦汁《くじゅう》をなめさせられてきた（そして現在は福岡ソフトバンクホークスに痛い目にあわされている）。ライバルチームの一ファンの視点からの、率直な意見と捉えていただきたい。また、巨人に対しても期待外れに終わった選手や暗黒期のことなど、温情抜きで評価したつもりだ。

なお本文や表にある情報や選手の成績、所属先などは２０２１年１月12日現在のものであり、特に表記のない限り日本野球機構（ＮＰＢ．ｊｐ）と巨人ファンのデータサイト「ｍｙ ｆａｖｏｒｉｔｅ ｇｉａｎｔｓ」の統計データを用いている。そして、本書の内容は全て自分の個人的な見解である。

# 巨人軍解体新書

## 目次

はじめに　3

第1章　「球界の盟主」のブランド力……13

巨人軍ブランド／シーズンを「捨てられない」ことによる高い視座／「当たり前」のハードルが高いからこそ厳しい評価を受ける／ピークは短かったが実力はピカイチだった長野久義／馬力とポテンシャルは抜群だった澤村拓一／「トップとしての責務」によって伸びる個人／どのカテゴリーにも通じる「勝者のメンタリティ」／大阪桐蔭と巨人の共通点／原監督と西谷監督の価値／巨人在籍選手の引退後

第2章　近現代巨人軍の哲学……33

タイトルホルダーはエースの必須条件／「第●代4番」の独自名称／花形の「4番サード」／小久保と「オガラミ」の大きな功績／丸佳浩が巨人にもたらしたもの／丸がソフトバンク投手陣を打つには／期待外れに終わった移籍戦士たち／改善され始めた補強と補完／「再生工場」としての一面も／「ヤンチャ」な選手の必要性／原辰徳が「原イズム」を確立するまで／長嶋が育てた松井／長嶋と原の二人が育てた阿部、原が育てた坂本／逆説的にスモールベースボールを根づかせた堀内恒夫政権／11年ぶりにBクラスへ転落した高橋由伸政権／典型的な弱いチームに成り下がった2年間／「生え抜き至上主義」の座を奪いかけた星野仙一

第3章　対セ・リーグの争い……77

球界を先駆けるパイオニア／セ・リーグ各球団から見た巨人軍／中日と阪神の「二強」に割り込むための苦悩／三つ巴の戦いを制

すも慣れなかった短期決戦／2ゲーム差に3チームがもつれる大混戦／内野手出身監督に見る「大局観」／長年の「天敵」だった落合中日／リーグ3連覇の広島に手も足も出なかった3年間／02年：松井と上原を投打の軸に球界を圧倒／08年：「メークレジェンド」完結／09年：主軸の「オガラミ」&若武者の坂本、松本、亀井の融合／12年：長野、坂本、阿部の生え抜きコア形成／13年：投打の層の厚さと進化した「スコット鉄太朗」／14年：数字だけでは見えない勝負強さが光る／20年：何度も見られた「終盤力」の高さ／原監督が貧打のチームを優勝させた年の共通項／異なる形での連覇

第4章　巨人軍21世紀スター選手論……115

巨人にこだわって他球団を拒否した男たち／松井秀喜：日本人最後の50本塁打を達成し、ヤンキースの4番に／坂本勇人：「歴代

最高遊撃手」へのキャリアを積み重ねる現巨人の象徴（初期〜中期）／坂本勇人：「歴代最高遊撃手」へのキャリアを積み重ねる現巨人の象徴（中期〜現在）／坂本の打撃スタイルの変化と今後の課題／名手・坂本がいつか遊撃手ではなくなる日／花形かつ負荷の高い遊撃手のコンバート遍歴／岡本和真：柔と剛を備える令和の巨人軍4番／他球団の高卒選手たち／高橋由伸：怪我に泣かされた「ガラスの天才」／上原浩治：先発から抑えまでこなした超一流／阿部慎之助：名実ともに巨人軍歴代最高の捕手（初期〜中期）／阿部慎之助：名実ともに巨人軍歴代最高の捕手（後期〜引退後）／菅野智之：器用かつ多彩なスーパーエース／他球団の大卒選手たち／松井、阿部、坂本と高橋由伸の違い／上原、菅野と内海の違い／チームを優勝に導くタイトルホルダー／スターがいるからこそ引き立つ名脇役たち／元祖育成の星、山口鉄也／今後の巨人に出てきてほしい選手たち／セイバーメトリクスの時代でも見逃せない「打点」の価値／ラミレスが「真の4番」だった

わけ

第5章　対パ・リーグの研究……185

ソフトバンクに惨敗した日本シリーズ（19年）／ソフトバンクに惨敗した日本シリーズ（20年）／役者揃いのソフトバンク／セ・リーグへの環境最適化から脱せよ／交流戦でソフトバンクに勝ち越した17年に眠るヒント／原巨人の交流戦勝ち越し＝リーグ優勝のカラクリ／横綱野球と試合巧者の融合／ＰＰＭ理論で考える戦力移行／小久保と松中が衰えた00年代後半の反省／ＭＬＢでも通用するレベルだった20年のソフトバンク／巨人がレベル差を埋めるためにやるべきこと

第6章　球団経営と選手育成の変革……209

前衛と後衛のバランスを持つ原辰徳／監督以外の陰の功労者たち／名将のそばに名参謀あり／球団経営には惜しまず金を費やすべき／10年代後半から変化した育成方針／変わる助っ人外国人事情／巨人からメジャーへ輩出される選手たち

第7章　王朝復活への展望……229

20年シーズンの振り返り（選手）／20年シーズンの振り返り（采配・運用）／中長期的な課題は次なるコアの形成／速くなり続けるストレートと鋭い「スラット・スプリット」／未来のスーパーエースへ、戸郷翔征／要チェックな若手・中堅選手たち（投手）／要チェックな若手・中堅選手たち（野手）／阿部と坂本の後継者問題／巨人軍ベストナイン（00年代）／巨人軍ベストナイン（10年代）／コロナ禍で行われた20年シーズンの回想と今後の考察／データを超えた感性の時代へ

おわりに　261

巻末付録　21世紀のセ・リーグ順位表と個人タイトル　265

# 第1章

# 「球界の盟主」のブランド力

まずは導入として、巨人軍が「球界の盟主」として培《つちか》ってきたブランドとは具体的にどのようなものなのか、選手や球団は何を求められているのかを記したい。ジャイアンツの特殊性が垣間《かいま》見えてくるはずだ。

## 巨人軍ブランド

巨人軍のブランド力は野球界だけでなく、スポーツ界全体の中でも多大なものがある。00年代中盤までは、毎日のように試合が地上波で放送されるくらいの人気コンテンツだった。その効果もあり、巨人の選手はタレント性も兼ね備えている。王貞治《おうさだはる》と長嶋茂雄《ながしましげお》のＯＮ時代から始まり、現監督の原辰徳《はらたつのり》やメジャーリーグのニューヨーク・ヤンキースに移籍した松井秀喜はもちろんのこと、高橋由伸《たかはしよしのぶ》や上原浩治《うえはらこうじ》、阿部慎之助《あべしんのすけ》といった地上波末期の世代でも選手としての知名度は他球団のそれと比べてはるかに高い。特に地上波放送時代は「プロ野球」＝「巨人」という国民のイメージも強く、ＣＭ出演などを独占していたこともあった。また、地上波放送によってプロ野球球団がない地域の野球好きたちが、巨人の試合を必然的に多く見ることになった。そのため、ファンも多ければアンチも多い、という状況が作られた。巨人が全国区の球団であり、「球界の盟主」と言われるのはそれゆえだろう。

もちろん、知名度には実績を伴《ともな》う必要があることは言うまでもない。事実、巨人はこれまで38度のリーグ優勝や22度の日本一に輝いており、ともに12球団トップである。優勝数が次に多い埼玉西武ライオンズ（前身の球団を含む）は23度のリーグ優勝、13度の日本一であり、セ・リーグに限ればリーグ制覇が広島東洋カープ・中日ドラゴンズの９度、日本一が東京ヤクルトスワローズの５度である。いかに巨人の数字が突出しているかわかる。首脳陣はもちろんのこと、ファンやメディアが巨人に求めるものは、Ａクラス入りなどではなく、優勝のみである。これは、クライマックスシリーズ（ＣＳ）の導入後も同じである。「ＣＳに出られるからシーズンは３位以内でも構わない」という考え方はあり得ないのだ。

## シーズンを「捨てられない」ことによる高い視座

原則、巨人は優勝しか許されていない。したがって、どの球団よりも高い視座を持つことが求められる。シーズンを「捨てられない」ことは、勝ち続けた上で同時に若手選手を育てなければならないことを意味する。「勝利」と「育成」の二兎《にと》を追う宿命にあるのだ。

実際、他球団を見るとシーズン中盤までの戦いぶりを考慮した上で、あるシーズンは「捨てて」までも育成に舵《かじ》を切ることがある。さらに、シーズン終盤から世代交代にシフトしていく球団も数多い。

もちろん、それ自体に良し悪しはない。ただ逆説的に言うと、優勝争いをするプレッシャーのさなかで若手を育成していく巨人の環境が、定期的にスケールの大きなスター選手を輩出することに繋がっているのではないだろうか。練習だけではなく、タフな試合を通した若手の成長には著《いちじる》しいものがあり、周囲の期待値を超えることもしばしば起こりうる。

具体例を挙げると、阿部はルーキーイヤーの01年に村《むら》田《た》真一《しんいち》からレギュラーを奪取した。当時は若手ゆえにリードが上手くできずに、投手陣が打ち込まれて結果的に優勝を逃したが、翌年はその優勝争いの経験も活きて正捕手として急成長し、チームを日本一に導きそのまま球界を代表する捕手になった。また、坂本勇人もルーキーイヤーの07年シーズン終盤、優勝争いのさなかの中日戦でタイムリーを放ち、それが少なからず優勝に繋がった。その後、2年目からはレギュラーに定着し、今では誰もが知る球界トップクラスの遊撃手である。

## 「当たり前」のハードルが高いからこそ厳しい評価を受ける

巨人は優勝が一つのミッションであり、そのミッションがあるからこそシーズンごとの様々な環境の変化にも対応できている。20年シーズンのセ・リーグは、まさにその象徴だったと言える。07年のＣＳ導入後、巨人以外の球団はシーズンを通して「Ａクラスに入れたらいい」と言ってもよい戦略を10年以上にわたってとってきた（中日や広島の黄金期などはその限りではないが）。そのため、シーズン開幕前にＣＳ廃止が発表されてからも「１位を取る」ための準備や対応が全くできないまま開幕して実際にゲーム差が大きく広がり、巨人がそのまま優勝した。監督陣の中で原氏だけＣＳなしのシーズンを監督として経験したことがある点も大きかったが、例年のシーズンから常に優勝というミッションを掲げているからこそ対応できたに違いない。

巨人は球団として難しい目標があるため当然、選手たちに対する「当たり前」のハードルも高い。Ａクラスは大前提、優勝してようやく認められるようなプレッシャーと日々戦っているのだ。例えば19年に引退した阿部慎之助をはじめとして、現在の主軸である坂本勇人や菅野《すがの》智之《ともゆき》といった選手は、毎年のように「巨人の中心選手として活躍すること」＝「リーグトップクラスの成績を残すこと」が当然だと思われている。

近年では岡本《おかもと》和真《かずま》もこの中に加わった。18年、22歳で３割30本１００打点を記録したが翌年の成績は・２６５　31本。昨シーズンは本塁打と打点の２冠を獲ったが打率は・２７５。年齢からすれば申し分ないはずだが、それでは甘いのだ。毎年のように３割35〜40本は達成しなければならない。それくらいのレベルが求められる領域の選手になっているからこそその要求である。

## ピークは短かったが実力はピカイチだった長野久義

逆に、巨人にいたからこそ過小評価されている選手もいる。例えば、広島東洋カープに移籍した長野《ちょうの》久義《ひさよし》や千葉ロッテマリーンズに移籍した澤村《さわむら》拓一《ひろかず》は、いずれも個人タイトル獲得経験のある実力者だが、ムラの激しさから過小評価の傾向が強い。

特に長野は、紛《まぎ》れもなく巨人軍のメンタリティに適していた選手だっただろう。大学と社会人を経たためプロ入りが遅かったこともあり、選手としてのピークはキャリアの早い時期で終わったが、夏場以降の勝負強さやパフォーマンスの高さは（夏に調子が落ちやすい）坂本と相性が良く、補完関係にあった。好不調の波は激しかったが、持っているものはレギュラー選手の中でもトップクラスであり、同じ背番号7をかつて背負っていた二《に》岡《おか》智《とも》宏《ひろ》のような広角に打てる打撃センスもあった。このセンスを見ると、全盛期は近代的な2番打者に相応しい実力があったように思う。当時は松本哲也《まつもとてつや》や藤村大介《ふじむらだいすけ》といった小回りの効きそうな打者が2番打者を担っていたが、12年にジョン・ボウカーを2番打者に起用したあたりを見ると、長野を2番打者として試してみてほしかった。

長野のキャリアのピークは、2年目から5年目（11〜14年）だっただろう。新人王を獲得した翌年の2年目シーズンは、統一球で多くの打者が苦しんでいた中高打率を残して首位打者を獲得し、ＯＰＳ（On-base Plus Slugging の略称。出塁率と長打率とを足し合わせた値）もリーグトップの成績を残した。さらに、このシーズンは得点圏打率・３４４を記録する勝負強さもあり、9回裏無死満塁の場面で、山口俊《やまぐちしゅん》（当時横浜ＤｅＮＡベイスターズ）からＮＰＢ史上8人目となる代打逆転サヨナラ満塁本塁打を記録した場面は印象深い。3年目も3割を記録し、坂本や阿部とともに中心選手としてリーグ優勝と日本一に貢献した。特に、日本シリーズでは決勝ホームランを放つなどの活躍を見せた。4年目はＷＢＣの日本代

**長野久義成績（巨人在籍時）**

| 年 | 試合 | 打席 | 安打 | 本塁打 | 打点 | 盗塁 | 打率 | 出塁率 | 長打率 | OPS |
|---|---|---|---|---|---|---|---|---|---|---|
| 2010 | 128 | 459 | 124 | 19 | 52 | 12 | .288 | .330 | .491 | .821 |
| 2011 | 140 | 578 | 164 | 17 | 69 | 19 | .316 | .379 | .468 | .847 |
| 2012 | 144 | 653 | 173 | 14 | 60 | 20 | .301 | .382 | .432 | .815 |
| 2013 | 144 | 642 | 166 | 19 | 65 | 14 | .281 | .336 | .424 | .760 |
| 2014 | 130 | 523 | 140 | 13 | 62 | 8 | .297 | .356 | .445 | .801 |
| 2015 | 130 | 479 | 109 | 15 | 52 | 3 | .251 | .310 | .415 | .725 |
| 2016 | 143 | 618 | 163 | 11 | 42 | 8 | .283 | .326 | .403 | .729 |
| 2017 | 134 | 516 | 121 | 16 | 46 | 6 | .261 | .334 | .421 | .755 |
| 2018 | 116 | 426 | 111 | 13 | 52 | 3 | .290 | .359 | .433 | .793 |
| 通算 | 1209 | 4894 | 1271 | 137 | 500 | 93 | .286 | .347 | .436 | .783 |

表に選出されたが、不調に陥った。ただ、お得意の夏場から調子を上げて、後半戦は打率・313を記録するなどで連覇に貢献。14年も優勝争いの真《ま》っ只中《ただなか》に勝負強さを見せ、チームトップの打率・297を記録して3連覇に貢献した。

しかし、この年の8月21日のヤクルト戦で右膝《ひざ》関節挫《ざ》傷《しょう》の怪我を負《お》ったことがキャリアの分岐点となってしまった。走力の低下はもちろんのこと、打撃に関しても下半身に粘りがなくなり、15年から低迷する原因となった。19年、フリーエージェント（FA）移籍で巨人に加入した丸佳浩《まるよしひろ》の人的補償として広島に移籍。続く20年のシーズンに復活を遂げて、打率・285 10本塁打 42打点の成績に加えて代打打率はリーグ1位の・440を記録した。キャリアを通して夏場以降のシーズン終盤における帳尻を合わせる力や勝負強さ、集中力の高さを見せており、その実力がうかがえる。

## 馬力とポテンシャルは抜群だった澤村拓一

澤村の場合は、1年目の11年からいきなり二桁勝利と２００イニングを達成するなど、先発の柱として期待できる結果を残した。2年目もソフトバンク戦で試合中盤までノーヒットピッチングを繰り広げるなどの活躍で、堀内恒夫《ほりうちつねお》以来45年ぶりに巨人で新人から2年連続二桁勝利を記録した。日本シリーズでは、サインを見逃した際に阿部慎之助に頭を叩かれたシーンが有名であるが、8回無失点の好投で日本シリーズ初登板・初先発・初勝利をあげた。

3年目の序盤まで先発ローテーションの一角だったが、勝ち星に恵まれず投球内容や防御率のわりに過小評価されていた。救援へ移行後も最多セーブを獲得するなどポテンシャルは充分すぎるのだが、安定感に欠ける点もあり、ファンや首脳陣からの風当たりは強かったように感じられる。

澤村のようなタイプのピッチャーには適した起用法が必要なのだが、巷《ちまた》で言われている通り体格が筋肉質であったり、フィジカルの良さゆえに18年や20年シーズン序盤のように雑

**澤村拓一成績（巨人在籍時）**

| 年 | 登板 | 先発 | 勝利 | 敗戦 | セーブ | ホールド | 勝率 | 投球回 | 奪三振 | 防御率 | WHIP |
|---|---|---|---|---|---|---|---|---|---|---|---|
| 2011 | 29 | 29 | 11 | 11 | 0 | 0 | .500 | 200 | 174 | 2.77 | 1.18 |
| 2012 | 27 | 26 | 10 | 10 | 0 | 0 | .500 | 169.2 | 138 | 2.86 | 1.33 |
| 2013 | 34 | 22 | 5 | 10 | 0 | 6 | .333 | 158.1 | 148 | 3.13 | 1.14 |
| 2014 | 12 | 11 | 5 | 3 | 0 | 0 | .625 | 72.2 | 66 | 3.72 | 1.14 |
| 2015 | 60 | 0 | 7 | 3 | 36 | 3 | .700 | 68.1 | 60 | 1.32 | 1.16 |
| 2016 | 63 | 0 | 6 | 4 | 37 | 4 | .600 | 64.1 | 55 | 2.66 | 1.27 |
| 2017 | — | — | — | — | — | — | — | — | — | — | — |
| 2018 | 49 | 0 | 1 | 6 | 0 | 24 | .143 | 52.1 | 54 | 4.64 | 1.57 |
| 2019 | 43 | 2 | 2 | 2 | 1 | 13 | .500 | 48.1 | 55 | 2.61 | 1.18 |
| 2020 | 13 | 1 | 1 | 1 | 0 | 1 | .500 | 13.1 | 11 | 6.08 | 1.65 |
| 通算 | 330 | 91 | 48 | 50 | 74 | 51 | .490 | 847.1 | 761 | 2.79 | 1.19 |

な起用法で酷使されがちである。澤村のようなタイプは、ピンチの時にマウンドに上がる「火消し」の役割はあまり向いておらず、勝ちパターンで使うならイニングの頭から起用していくのが望ましい。またランナーがいる場面でクイックを多用しているが、クイックで投球する際はボールのクオリティがかなり下がるため、クイックの頻度を減らして球威や制球を重視して投げていくべきだ。

澤村は20年シーズン中盤にロッテへ移籍し、勝ちパターンなどで登板機会を与えられた。8割の力感から繰り出されるストレートとスプリットを中心としたピッチングは、やはりかなりのレベルで、大活躍を見せた。巨人時代に担ってきた勝ちパターンの一角やクローザーとしての実績を振り返ると、パ・リーグ相手に圧倒的な投球を見せたことも何ら不思議ではない。

## 「トップとしての責務」によって伸びる個人

00年代前半に活躍した清水《しみず》隆行《たかゆき》も似たような側面がある。３割を残せるレベルの選手にもかかわらず、相手チームの先発が左投手の試合はスタメンを譲ることが多かった。しかし、清水のたぐいまれなバットコントロールを見抜いていた原氏は、監督1年目に１番打者として積極的に起用。その結果、キャリアハイかつリーグ最多の１９１安打を放ち日本一に貢献した。

組織ひいてはそこに属する個人への期待値が高いと、このように「当たり前」のハードルが高くなっていく。他球団では柳田《やなぎた》悠岐《ゆうき》と鈴木《すずき》誠也《せいや》が最もそれに値する選手だ。特に柳田は15～18年にパ・リーグでトップクラスの成績を残し、20年のシーズンも復活を遂げてＭＶＰに輝いたが、もはやそれが「当たり前」の領域に達している。鈴木誠也も毎年安定して３割30本に近い数字を残し、プレミア12では日本代表の４番打者として活躍しＭＶＰに輝いたが、これもその実力から見て「当たり前」であり、レベルの高さを体現している。

プロ野球に限らず企業などでも同様だろう。業界全体・社会全体の中でトップに立ち責務を果たしていくには、こうした厳しい、ハードルの高い環境に身を置くことが一つの有効なルートでもある。

## どのカテゴリーにも通じる「勝者のメンタリティ」

スポーツの世界でよく言われる「勝者のメンタリティ」。これもいわゆる「常勝球団」に備わっているものである。原巨人でそれが顕著《けんちょ》に見られたのは、07〜09年、12〜14年の2度の3連覇期、そして19・20年だろう。

07〜09年は、移籍で加入した小笠原《おがさわら》道大《みちひろ》やアレックス・ラミレスらや生え抜きの内海《うつみ》哲也《てつや》、阿部などがチームの基盤を作り上げていった。その基盤が、内海、阿部、坂本、長野といったセンターラインの中心選手や山口《やまぐち》鉄也《てつや》の活躍による12〜14年の3連覇に繋がった。また19・20年は、広島でリーグ3連覇を成し遂げた丸佳浩の加入で勝者としての存在感を確固たるものとした。

巨人の他には、10年代だけで6度の日本一に輝いた福岡ソフトバンクホークスが該当する。「勝って当たり前」の中で勝ち続けるソフトバンクのメンタリティは、プロ野球全体の歴史の中でも高い水準を誇る。セ・リーグの全球団とそれぞれ対戦した日本シリーズで全て勝利し、6度の日本一を成し遂げていることからも明らかだ。

ソフトバンクのこうしたメンタリティには、90年代後半から成熟していたダイエーホークス時代の基盤も少なからず影響を与えているだろう。当時のダイエーは、現在と比較すれば低迷期と呼べるものだったが、秋山幸二《あきやまこうじ》が黄金時代の西武から移籍してきて「勝者のメンタリティ」を植えつける形となった。秋山の存在が、小久保裕紀《こくぼひろき》や井口資仁《いぐちただひと》、松中信彦《まつなかのぶひと》といったゆくゆくは日本代表クラスになった即戦力の入団や、城島健司《じょうじまけんじ》や斉藤和巳《さいとうかずみ》といった高卒から入団した選手の成長にも影響を及ぼしたと言える。

「勝者のメンタリティ」は、サッカーなどの他競技にも共通している。例えばレアル・マドリードからユヴェントスに移籍した、現代を代表する選手の一人であるクリスティアーノ・ロナウドもまさにそれに該当する選手だ。

また、「勝者のメンタリティ」はアマチュアスポーツにもある。特に、10年代で春夏合わせて6度の優勝（春夏3度ずつ）を成し遂げた大阪桐蔭《とういん》高校は強烈な「勝者のメンタリティ」を備えている。

具体例をあげると、史上初の2度目の春夏連覇を成し遂げた18年のセンバツ大会準決勝の三重戦や、夏の大阪大会準決勝の履正社《りせいしゃ》戦は、9回まで劣勢の展開だったにもかかわらず、同点に追いつき最終的に逆転勝利を収めている。この年の大阪桐蔭は、逆境を迎えても必ず追いつき逆転する姿が特徴的だった。選手の能力はもちろんのこと、西谷浩一《にしたにこういち》監督と選手の冷静さはまさに「勝者のメンタリティ」を体現していたように見える。

スポーツに限らず、ネガティブよりもポジティブなメンタリティの方が、圧倒的に良い結果に結びつきやすいのは事実だ。技術や実力が拮抗《きっこう》する中で、自分（たち）が一番だという思考や、劣勢の場面でポジティブに働きかけられるメンタリティでいられるかどうかは極めて重要である。

## 大阪桐蔭と巨人の共通点

プロとアマチュアという立場で相違点はあるが、「勝者のメンタリティ」を兼ね備えている巨人軍と大阪桐蔭には、多くの共通点がある。

一つ目は、監督としてチームを率いる原氏と西谷氏の、選手のモチベーション管理を含めたマネジメント能力だ。両チームとも戦力的に充実している年が多いため、「優勝して当たり前」と見られがちだが、野球ファンなら誰もが知るタレント軍団をまとめた上で、優勝に導くために個々の能力を活かし切れている。派手な年と地味な年それぞれの、監督としての勝ちパターンも豊富だ。様々なチームカラーで勝利しているからこそ、連覇や複数回の優勝を達成できている。

色々な勝ち方ができる要因は、確立された戦略や運用力に由来している。両監督に共通する点として、優勝した年には高確率で掘り出し物の選手やラッキーボーイ的な存在がいる。チーム内で比較的目立つ主役と脇役のバランス感覚が絶妙で、他の監督には行き届かない領域に達している。さらに、「巨人」や「大阪桐蔭」といったネームバリュー・ブランド力もあると、初戦の序盤であったり、試合終盤に相手が萎縮するなどでミスを誘えることもある。

こうした試合運びの上手さは、互いに14年に見られた。この年の大阪桐蔭は、これまで優勝した年とは違い圧倒的な強さはなかった。新チームの発足時にはライバルの履正社にコールド負けの屈辱を喫している。ただ、秋大会終了後の成長度合いはもの凄かった。また勝ち方や逆転の仕方にもバリエーションがあり、試合巧者として勝ち進むにつれて再現性を高めた結果が夏の甲子園の準々決勝、準決勝、決勝の試合運びに表れた。この年の夏の戦い方や決勝戦は、選手の成長はもちろん、西谷監督のマネジメント力・育成力の集大成だったとも言える。

一方、巨人もこの年は圧倒的な強さがなかった。シーズンを通して、チーム打率はリーグ5位、打率ランキングTOP10に自軍の選手がいないだけでなく、規定打席に達した阿部、坂本、村田《むらた》修一《しゅういち》といったレギュラー陣は成績を落とし、長野の打率・297がチームトップ。打率3割に到達した選手が一人もいないシーズンであった。しかし、この年の巨人は最優秀防御率とリーグMVPに輝いた菅野を中心にセ・リーグトップの防御率・失策数・与四死球・失点数を誇り、守備範囲が広い新加入の片岡《かたおか》治大《やすゆき》、坂本勇人の二遊間を中心としたディフェンス力や、シーズンを占う試合での試合巧者ぶりが驚異的だった。加えて、この年の巨人は終盤や勝負所で1点にこだわる野球を意識的にしていたことが非常に印象的だった。

もう一つの共通点は、どの年においても、エリア内やリーグ内で上位になれる最低限の力があることだ。巨人軍は10年代においてBクラスは1回のみであり、セ・リーグの中で最少である。各球団も「巨人はなんだかんだで上がってくる」というイメージを持っているのではないだろうか。大阪桐蔭も、10年代の内8年は大阪府の大会で準々決勝より上に勝ち上がっている。特に10年代後半は、履正社というライバルが存在しながらも5年間で春夏どちらも甲子園に出られなかった年は19年のみである。大阪桐蔭に対しても、高校野球ファンからの期待はもちろんのこと、実際にプレーをしている他校の選手にも、夏の大会には合わせてくるだろうという焦燥《しょうそう》感が少なからずあるのではないだろうか。大一番や勝負所の大会または試合に合わせてくる力や伝統・文化・意識を見ても、トップを走るプロフェッショナルそのものである。

## 原監督と西谷監督の価値

原氏と西谷氏はタレント集団をまとめるマネジメント力だけでなく、選手のモチベーションをコントロールする能力や有望な選手に慕《した》われる人望も抜けていると見ている。その要因は、監督としてのブランドが高値であるからに違いない。

互いに監督初期の頃は、有望な選手に入団・入学してもらうことは今よりは少なかった。「若大将」と称される原氏の場合は監督1年目からリーグ優勝と日本一に輝き、その地位を確立し始め、その結果、06年から始まった第二次政権時に小笠原を獲得するなどできた。西谷氏も同様に、激戦区である大阪府の中で勝ち上がり、甲子園出場から始まり甲子園ベスト4、甲子園優勝まで導き、有望な選手の方から選ばれるぐらいの学校にまでのし上がった。

日本代表監督も、強いチームならではの資質が問われる。アテネ五輪の日本代表監督を（当初）務めた長嶋茂雄氏や、第1回ＷＢＣの監督を務めた王貞治氏はまさにブランド力があった。だからこそ、ベストメンバーに近い選出ができたのではないだろうか。また、単にメンバーを集めるだけでなく、「この監督だから優勝したい」と思わせる求心力にも繋がる。その結果、アテネ五輪の予選はトップ通過し、ＷＢＣでは悲願の優勝を果たした。

## 巨人在籍選手の引退後

巨人軍のブランド力は、引退後にも繋がる。生え抜き選手でなくとも、キャリアの生涯を属さなくとも「元巨人」の肩書は付いてくる。近年でのケースでは、村田修一や杉内俊哉《すぎうちとしや》はＦＡで移籍してきた選手だったが、引退後は巨人軍の首脳陣になっている。

近年は巨人軍のブランド力が廃《すた》れてきたと言われがちだが、それでも引退後のセカンドキャリアを見ると、巨人に所属していた経歴が重宝されることは事実である。キャリア晩年に巨人に携《たずさ》わっていれば、セカンドキャリアで解説や指導者の依頼が来やすいことは確かだ。実際、巨人で引退する選手は10年以後増えてきており、有力選手の場合は引退後のポストを用意される傾向も強い。そのため、優勝を経験したい点はもちろんのこと、セカンドキャリアも考慮して移籍してくる選手は少なからずいるのではないだろうか。

# 第2章

# 近現代巨人軍の哲学

この章では、巨人を巨人たらしめている哲学とは何かを考えるとともに、それを支えてきた選手を、移籍戦士たちの功績も含めて取り上げる。また、耳の痛い話だが、堀内監督時代や高橋由伸監督時代などの低迷期も振り返りたい。

## タイトルホルダーはエースの必須条件

巨人軍で「エース」と呼ばれる選手は必ずと言っていいほど、何らかの個人タイトルを獲得している。私が野球を見始めた時のエースは上原浩治だったが、２度の沢村賞を筆頭に最多勝・最多奪三振・最優秀防御率を獲得。その後にエースの座についていた内海哲也も、最多勝と最多奪三振を獲得し、00年代後半から10年代前半にかけて投手陣を牽引《けんいん》した。そして、現在のエースである菅野智之はキャリアの全盛期が長く、２度の沢村賞とＭＶＰや最多勝・最優秀防御率・最多奪三振など多数のタイトルを獲っている。巨人軍のエースは、セ・リーグ内でも絶対的な存在であり続けなければならないのだ。

上原以前のエースを見ても、斎藤雅樹《さいとうまさき》は最多勝・最優秀防御率・最多奪三振はもちろんのこと、史上最多タイとなる沢村賞を３度獲得し、全盛期は圧倒的なエースとして君臨していた。80年代を支えた江川卓《えがわすぐる》・西本聖《にしもとたかし》の２本柱も、80年から６年連続でともに二桁勝利を挙げている（江川は87年まで８年連続達成）。特に、81年は江川20勝・西本18勝で、チームの73勝の半分以上である38勝を記録した。この年、チームの投球回数の４割以上を２人で占め、巨人はＶ９の73年以来、８年ぶりの日本一に輝いている。巨人軍のエースというポジションは、球界屈指の格や実績が伴ってこそのものだとわかる。

## 「第●代４番」の独自名称

巨人軍の伝統の象徴と言えば、「第●代」という歴代４番打者の名称だ。人それぞれに４番像があり、見合わない実力の選手も当然いるが、それもカウントされる。

歴史を振り返ると、王、長嶋や原といった監督経験もあるレジェンドや落合博満《おちあいひろみつ》、清原和《きよはらかず》博《ひろ》といった大型ＦＡ選手、21世紀は松井秀喜から始まり高橋由伸や阿部などのビッグネームが並んでおり、現在は岡本がその歴史に名を刻もうとしている。

ちなみに、巨人軍４番打者としての出場試合数は川上哲治《かわかみてつはる》の１６５８試合が最多である。また１０００試合以上に４番打者として出場した選手は、トップの川上哲治に続いて長嶋茂雄、王貞治、原辰徳のみだ。彼らはみな巨人軍の監督経験もあり、昭和の時代に巨人の４番打者を長い期間務めた選手は、監督就任までのルートが確立されていたのだろう。平成では松井秀喜が４７０試合で４番に座り、その後はアレックス・ラミレスと阿部慎之助が５００試合を超えている。

松井秀喜は１０００打席以上を記録している打者の中では打率トップを記録しており、長打力だけではなくコンタクト力も高かったことを示している。巨人軍の歴代４番打者として求められる水準は、現代野球なら松井やラミレス、12年の阿部ぐらいのレベルであろう。チームを優勝に導きながらも、圧倒的な成績で個人タイトルを獲得してこそ真の４番打者として認められるのだ。

## 花形の「４番サード」

「４番サード」はかつて花形選手として見られていた。巨人軍の歴史では長嶋茂雄や原辰徳を筆頭に、監督としても結果を残した偉大な名が並ぶ。生え抜き以外でも、小久保裕紀や村田修一といったタイトルホルダーが巨人時代に「４番サード」を担っていた。他球団の選手

**長嶋茂雄成績**

| 年 | 試合 | 打席 | 安打 | 本塁打 | 打点 | 盗塁 | 打率 | 出塁率 | 長打率 | OPS |
|---|---|---|---|---|---|---|---|---|---|---|
| 1958 | 130 | 550 | 153 | 29 | 92 | 37 | .305 | .353 | .578 | .931 |
| 1959 | 124 | 526 | 150 | 27 | 82 | 21 | .334 | .426 | .612 | 1.038 |
| 1960 | 126 | 524 | 151 | 16 | 64 | 31 | .334 | .422 | .542 | .964 |
| 1961 | 130 | 543 | 158 | 28 | 86 | 14 | .353 | .456 | .652 | 1.108 |
| 1962 | 134 | 584 | 151 | 25 | 80 | 18 | .288 | .356 | .522 | .878 |
| 1963 | 134 | 577 | 163 | 37 | 112 | 16 | .341 | .444 | .657 | 1.101 |
| 1964 | 133 | 566 | 144 | 31 | 90 | 13 | .314 | .438 | .584 | 1.021 |
| 1965 | 131 | 560 | 151 | 17 | 80 | 2 | .300 | .366 | .467 | .833 |
| 1966 | 128 | 543 | 163 | 26 | 105 | 14 | .344 | .419 | .586 | 1.005 |
| 1967 | 122 | 515 | 134 | 19 | 77 | 2 | .283 | .336 | .468 | .804 |
| 1968 | 131 | 569 | 157 | 39 | 125 | 8 | .318 | .401 | .613 | 1.015 |
| 1969 | 126 | 546 | 156 | 32 | 115 | 1 | .311 | .362 | .556 | .917 |
| 1970 | 127 | 525 | 128 | 22 | 105 | 1 | .269 | .326 | .462 | .788 |
| 1971 | 130 | 547 | 155 | 34 | 86 | 4 | .320 | .396 | .581 | .977 |
| 1972 | 125 | 520 | 119 | 27 | 92 | 3 | .266 | .357 | .484 | .842 |
| 1973 | 127 | 530 | 130 | 20 | 76 | 3 | .269 | .322 | .422 | .745 |
| 1974 | 128 | 476 | 108 | 15 | 55 | 2 | .244 | .291 | .387 | .678 |
| 通算 | 2186 | 9201 | 2471 | 444 | 1522 | 190 | .305 | .379 | .540 | .919 |

を見ても、江《え》藤《とう》智《あきら》、中《なか》村《むら》剛《たけ》也《や》など球団の歴史上に名が残るスラッガーが並ぶ。

巨人の象徴的存在と言えば、やはり長嶋茂雄だ。長嶋茂雄は58年から74年まで17年もの間「4番サード」を務めて、通算打率3割を超えるなど文句なしの成績で引退した。

ONの後を継いだ4番が原辰徳である。3年目から「4番サード」で起用され始めると、初の3割30本100打点を記録して打点王、さらにはセ・リーグMVPにも輝いて文句なしの活躍を見せた。その後も「4番サード」としてチームを引っ張り、

## 原辰徳成績

| 年 | 試合 | 打席 | 安打 | 本塁打 | 打点 | 盗塁 | 打率 | 出塁率 | 長打率 | OPS |
|---|---|---|---|---|---|---|---|---|---|---|
| 1981 | 125 | 507 | 126 | 22 | 67 | 6 | .268 | .312 | .483 | .795 |
| 1982 | 130 | 542 | 136 | 33 | 92 | 11 | .275 | .335 | .518 | .853 |
| 1983 | 130 | 571 | 151 | 32 | 103 | 9 | .302 | .380 | .574 | .954 |
| 1984 | 130 | 543 | 130 | 27 | 81 | 7 | .278 | .372 | .496 | .867 |
| 1985 | 124 | 521 | 125 | 34 | 94 | 7 | .283 | .376 | .576 | .952 |
| 1986 | 113 | 467 | 115 | 36 | 80 | 7 | .283 | .363 | .616 | .978 |
| 1987 | 123 | 489 | 133 | 34 | 95 | 7 | .307 | .372 | .596 | .968 |
| 1988 | 126 | 529 | 140 | 31 | 81 | 5 | .300 | .382 | .555 | .936 |
| 1989 | 114 | 459 | 103 | 25 | 74 | 3 | .261 | .359 | .506 | .866 |
| 1990 | 103 | 425 | 111 | 20 | 68 | 6 | .303 | .391 | .519 | .910 |
| 1991 | 127 | 524 | 122 | 29 | 86 | 5 | .268 | .342 | .492 | .834 |
| 1992 | 117 | 493 | 119 | 28 | 77 | 4 | .272 | .349 | .508 | .857 |
| 1993 | 98 | 387 | 77 | 11 | 44 | 3 | .229 | .323 | .369 | .692 |
| 1994 | 67 | 227 | 58 | 14 | 36 | 0 | .290 | .364 | .530 | .894 |
| 1995 | 70 | 160 | 29 | 6 | 15 | 2 | .201 | .270 | .382 | .652 |
| 通算 | 1697 | 6844 | 1675 | 382 | 1093 | 82 | .279 | .355 | .523 | .878 |

## 村田修一成績（巨人在籍時）

| 年 | 試合 | 打席 | 安打 | 本塁打 | 打点 | 盗塁 | 打率 | 出塁率 | 長打率 | OPS |
|---|---|---|---|---|---|---|---|---|---|---|
| 2012 | 144 | 575 | 130 | 12 | 58 | 1 | .252 | .316 | .374 | .690 |
| 2013 | 144 | 595 | 164 | 25 | 87 | 1 | .316 | .385 | .511 | .896 |
| 2014 | 143 | 575 | 133 | 21 | 68 | 2 | .256 | .322 | .410 | .732 |
| 2015 | 103 | 370 | 78 | 12 | 39 | 1 | .236 | .310 | .373 | .683 |
| 2016 | 143 | 576 | 160 | 25 | 81 | 1 | .302 | .354 | .505 | .858 |
| 2017 | 118 | 424 | 100 | 14 | 58 | 0 | .262 | .331 | .423 | .754 |
| 通算 | 795 | 3115 | 765 | 109 | 391 | 6 | .274 | .338 | .437 | .776 |

**岡本和真成績**

| 年 | 試合 | 打席 | 安打 | 本塁打 | 打点 | 盗塁 | 打率 | 出塁率 | 長打率 | OPS |
|---|---|---|---|---|---|---|---|---|---|---|
| 2015 | 17 | 31 | 6 | 1 | 4 | 2 | .214 | .290 | .321 | .612 |
| 2016 | 3 | 10 | 1 | 0 | 0 | 0 | .100 | .100 | .200 | .300 |
| 2017 | 15 | 35 | 6 | 0 | 2 | 0 | .194 | .286 | .226 | .512 |
| 2018 | 143 | 616 | 167 | 33 | 100 | 2 | .309 | .394 | .541 | .935 |
| 2019 | 143 | 628 | 147 | 31 | 94 | 3 | .265 | .343 | .485 | .828 |
| 2020 | 118 | 500 | 121 | 31 | 97 | 2 | .275 | .362 | .545 | .907 |
| 通算 | 439 | 1820 | 448 | 96 | 297 | 9 | .279 | .362 | .511 | .873 |

成績自体は申し分なかったが、ＯＮの後釜《あとがま》だったせいか同レベルの成績を求められ、過小評価された部分があったかもしれない。

そして、現在「４番サード」としてチームを牽引しているのが岡本和真だ。４年目に主力へ定着し、一塁・三塁・左翼を守りつつ史上最年少で３割30本１００打点を記録した。５年目は主に一塁を守りながら30本を放つと６年目はついに開幕から「４番サード」に座り、打撃タイトル争いを繰り広げリーグ優勝に大きく貢献した。岡本は令和の巨人軍の「４番サード」として、キャプテンシーを含めチームを牽引して時代を作ることが期待される。

かつて４番を務めていた松井秀喜は、星稜《せいりょう》高校時代にはサードを守っていたが、巨人時代は主にセンターとして起用された。97年のシーズンが終わった後の秋季練習の時に、松井は「監督、サードやりたいんです」と長嶋監督に直訴《じきそ》したそうだが、「ダメだ」と言われ、「おまえにセンターをやらしたいんだ。ジョー・ディマジオのような選手になってほしいんだ」と理想像を語られたエピソードがある。もし松井が「4番サード」として巨人を牽引する未来があったとしたら、花形としての格はさらに上がっていたことだろう。

## 小久保と「オガラミ」の大きな功績

巨人軍は90年代の長嶋監督時代から、ＦＡによる入団選手が非常に多い。球界を代表する投手や打者が移籍してくることも多かったが、一方で昔の固定観念から失敗のイメージも強いのではないだろうか。

移籍選手の中でも実力的にチームに貢献するだけでなく、勝者のメンタリティを植えつけた選手もいる。良い例だと、小久保、小笠原、ラミレス、丸あたりは間違いなくチームの意識改革に貢献した。彼らは与えられたポジションで高いパフォーマンスを見せて打線を引っ張った。特に、小久保は3割40本を記録するだけでなく、そのリーダーシップを活かして低迷していたチームを牽引した。その結果、阿部や高橋といった生え抜きのリーダーたちに良

### 小久保裕紀成績（巨人在籍時）

| 年 | 試合 | 打席 | 安打 | 本塁打 | 打点 | 盗塁 | 打率 | 出塁率 | 長打率 | OPS |
|---|---|---|---|---|---|---|---|---|---|---|
| 2004 | 125 | 508 | 145 | 41 | 96 | 0 | .314 | .372 | .641 | 1.013 |
| 2005 | 142 | 592 | 147 | 34 | 87 | 1 | .281 | .361 | .523 | .884 |
| 2006 | 88 | 344 | 79 | 19 | 55 | 1 | .256 | .325 | .458 | .782 |
| 通算 | 355 | 1444 | 371 | 94 | 238 | 2 | .287 | .356 | .549 | .906 |

### 小笠原道大成績（巨人在籍時）

| 年 | 試合 | 打席 | 安打 | 本塁打 | 打点 | 盗塁 | 打率 | 出塁率 | 長打率 | OPS |
|---|---|---|---|---|---|---|---|---|---|---|
| 2007 | 142 | 617 | 177 | 31 | 88 | 4 | .313 | .363 | .539 | .902 |
| 2008 | 144 | 589 | 161 | 36 | 96 | 0 | .310 | .381 | .573 | .954 |
| 2009 | 139 | 580 | 159 | 31 | 107 | 2 | .309 | .384 | .543 | .927 |
| 2010 | 137 | 591 | 157 | 34 | 90 | 1 | .308 | .394 | .559 | .953 |
| 2011 | 83 | 314 | 68 | 5 | 20 | 1 | .242 | .315 | .338 | .653 |
| 2012 | 34 | 99 | 14 | 0 | 4 | 0 | .152 | .194 | .185 | .379 |
| 2013 | 22 | 40 | 9 | 1 | 8 | 0 | .250 | .300 | .389 | .689 |
| 通算 | 701 | 2830 | 745 | 138 | 413 | 8 | .296 | .366 | .513 | .879 |

### アレックス・ラミレス成績（巨人在籍時）

| 年 | 試合 | 打席 | 安打 | 本塁打 | 打点 | 盗塁 | 打率 | 出塁率 | 長打率 | OPS |
|---|---|---|---|---|---|---|---|---|---|---|
| 2008 | 144 | 600 | 175 | 45 | 125 | 1 | .319 | .373 | .617 | .990 |
| 2009 | 144 | 608 | 186 | 31 | 103 | 4 | .322 | .347 | .544 | .891 |
| 2010 | 144 | 606 | 172 | 49 | 129 | 1 | .304 | .338 | .613 | .951 |
| 2011 | 137 | 515 | 133 | 23 | 73 | 2 | .279 | .322 | .453 | .775 |
| 通算 | 569 | 2329 | 666 | 148 | 430 | 8 | .307 | .346 | .560 | .906 |

い影響を与えて巨人軍の復活に貢献したと言える。

また、小笠原とラミレスは通称「オガラミ」の3・4番の並びを形成し、チームの3連覇に貢献した。小笠原の場合は古巣の北海道日本ハムファイターズを日本一に導き、シーズンでは常に3割30本を記録していたことから、プレッシャーも凄まじかっただろう。ただ、巨人軍がこのタイプの選手を獲得するのは珍しかったかもしれない。それ以前は、荒削りな長距離砲やスラッガータイプをＦＡで獲得していたが、小笠原は打率もコンスタントに残せる打者だ。リーグが変わっても実力をいかんなく発揮して、移籍後の4年間は毎年3割30本を記録。巨人打線を大きく引っ張った。

ＦＡからの加入ではなかったが、ラミレスも小笠原と同様に毎シーズン安定して活躍した。移籍前年は、右打者としては史上初のシーズン２００本安打を達成し、打点王にも輝いていた。さらに、巨人入団前の時点から5年連続でシーズン１００打点を記録しており、巨人では松井以来の「4番らしい4番」だった。巨人に入団後も3年連続で3割30本塁打１００打点を記録し、小笠原とともに中軸を担った。3連覇した07〜09年は小笠原とラミレスがシーズンＭＶＰに輝いている（07年小笠原、08・09年ラミレス）。

両選手はリーグを代表する打者であっただけではなく、チームに与えた影響も多大である。

坂本や阿部が脇役から主役になれたのは、「オガラミ」の存在があったからだろう。08年と09年のチームにおいて、坂本や阿部といった後の10年代にチームの顔となる選手はクリーンアップに座らず、好き勝手に振り回せる1番や7番に置かれていた。これは、彼らが成長するために非常に大きかった。09年に関しては亀《かめ》井《い》善行《よしゆき》を5番に置く構想だったが、12球団屈指の3・4番の並びがあったからこそできた起用法だったと思う。10年も、優勝は逃したが「オガラミ」が軸となったことによって、当時ルーキーだった長野久義を下位打線で起用しながら育てることができた。「オガラミ」は単純にリーグ優勝や日本一へ貢献したのはもちろんのこと、10年代にコアとなる選手を育成させた側面もあるのだ。

## 丸佳浩が巨人にもたらしたもの

丸は広島でリーグ3連覇を成し遂げた後に加入し、移籍1年目からリーグ優勝に貢献した。19年に巨人が5年ぶりの優勝をできたのは、やはり丸の加入が大きな要因である。トップバッターの亀井から始まる打線で、チームの顔である坂本と若き主砲の岡本の間となる3番打者として打率・292　27本塁打　89打点の好成績を残し、打線をつないだ。17・18年と2年

**丸佳浩成績（巨人在籍時）**

| 年 | 試合 | 打席 | 安打 | 本塁打 | 打点 | 盗塁 | 打率 | 出塁率 | 長打率 | OPS |
|---|---|---|---|---|---|---|---|---|---|---|
| 2019 | 143 | 631 | 156 | 27 | 89 | 12 | .292 | .388 | .495 | .884 |
| 2020 | 120 | 491 | 120 | 27 | 77 | 8 | .284 | .375 | .553 | .928 |
| 通算 | 263 | 1122 | 276 | 54 | 166 | 20 | .288 | .382 | .521 | .903 |

連続でリーグMVPを獲得したクラスの選手であるから当然とも言えるが、広島時代から東京ドームを得意としていたことも大きい。16〜18年は打率・314　4本塁打　19打点の成績を残しており、その点からも巨人への移籍は良い選択だったと当時から思っていた。そして巨人に移籍した19年も東京ドームでは打率・322　15本塁打　46打点の素晴らしい成績で、本塁打や打点など多くのスタッツの半分以上を本拠地で稼いだ。

打撃面以外でも、フルシーズンの出場を計算できる身体の強さや、13〜19年と7年連続でゴールデングラブ賞を受賞している守備力など、目に見える数字以上に貢献度の高い選手であり、先ほど紹介した小笠原道大と比べてもそん色がない。

さらに、丸はプロ選手としての「野球脳」にも素晴らしいものがある。それを表す一例が、広島時代から有名な「丸ノート」である。試合中の丸は自分の打席が終わるとすぐさまベンチでノートとペンを取り出し、必ず何かをメモしている。これは、自分の打席だけではなく、映像を通して相手投手を観察しながら、様々な情報を書き留めているそうだ。このような試行錯誤によって、毎年ハイレベルな成績を残す、完成度が高い丸特有の選球眼や「読み打ち」が成立しているのではないだろうか。19年ＣＳファイナルステージ、阪神タイガース戦の決勝打となったセーフティスクイズなども野球ＩＱの高さが垣間見えるプレーだった。あくまで推測になるが、自身の調子を把握しつつ、足に痛みを抱えていた阪神の西《にし》勇《ゆう》輝《き》の球数を含めた状態も考え抜いた上での判断だったように思う。丸の経験やノウハウ・感覚などが凝縮された打席だった。

また、チームに求められる打撃スタイルに適応するために自身のフォルムを変えていく力も目を惹くものがある。広島での最終シーズンは打率．３０６　39本　97打点とキャリアを通じて最多の本塁打を放ったパワーフォルム型であったが、移籍後の19年は２番に座る坂本勇人が40本塁打を記録したことや４番の岡本和真に挟まれていたこともあり、前年とは異なる、繋ぎも意識した打撃スタイルでシーズンを過ごした。とはいえ、坂本や岡本になかなか長打が出ない時期は丸自身が長打を狙いにいく場面もあり、状況適応力の高さを感じさせた。

## 丸がソフトバンク投手陣を打つには

20年はシーズン序盤こそ開幕前に負った右足親指骨折による調整不足もあり不調だったものの、7月と8月は月間打率3割を超え、9月は後半に成績を落としたものの．276を記録し、開幕当初と比較したら明らかに復調した。10月は10本塁打を放つだけでなく、打率．315 出塁率．413 長打率．739 OPS1．152というシーズン最高の月間成績で他を圧倒した。

セ・リーグでは毎年高いレベルの成績を残す丸だが、18～20年に対戦したソフトバンクとの日本シリーズでは、弱点を突かれていることを差し引いても、苦手なタイプの投手には手も足も出ない傾向が非常に強い。セ・リーグでは少ない「スラット・スプリット」型を擁《よう》するソフトバンク投手陣には完璧に抑え込まれているのだ。逆に言えば、ソフトバンクは広島そして巨人打線のコアである3番打者の丸を完璧に抑え込むことによって、日本一に輝いている。丸が今後ワンランク上の選手になるには、苦手である落ちる球を軸とする「スラット・スプリット」型の投手への対応力も求められる。

19年のプレミア12では秋山《あきやま》翔吾《しょうご》が怪我をしたため日本代表に緊急招集されたが、シーズン終盤の不調を引きずっていたことや、初見で対戦する投手への適応力に課題を残した。年齢を増すごとに脚力が衰《おとろ》えるのはもちろんのこと、苦手としている落ちる球に対して、持ち前の観察眼やフォルム変更を通じた適応力でどう対処していくのか。短期決戦では調子が悪いながらもチームを勝利に導く勝負強さが必要であり、今後数年内に巨人が日本一に輝くための大きな鍵になるだろう。

「スラット・スプリット」……スラット（あるいはスラッター）とはスライダーとカットボールの中間の速度と変化を持つ球種で、その有効性から日米ともに多くの投手が使うようになっている。スラッターと左右対称方向へ落ちる球であるスプリットと組み合わせることで、左右両方の打者から凡打や空振りを奪うことが容易になる。その圧倒的な利便性や投げ方、配球のコツなどは『セイバーメトリクスの落とし穴』（お股ニキ著、光文社新書）に詳しい。

## 期待外れに終わった移籍戦士たち

ここまで、巨人に移籍後も変わらず結果を残した選手を見てきたが、残念ながら期待に応えられなかった選手もいる。21世紀にプレーした選手で、一般的にそのように捉えられているのはタフィー・ローズ、清原和博、ジョージ・アリアスあたりだろうか。ローズは、在籍最初のシーズンには本塁打王を獲得するなど打撃成績自体は良かったが、本来守るべきポジションのレフトが埋まっていたため、センターを務める機会もあったことがマイナスに響いた。2年目は首脳陣とも折り合いがつかないことからモチベーションが低下し、怠慢《たいまん》守備なども目立ち、その年限りで退団となった。

清原は、スター性の高さやブランド力は申し分ないレベルであったし、なおかつ01年には打点王争いをするなどの活躍を見せていたが、04年以降は首脳陣への批判が目立ち始めただけでなく、派閥《はばつ》を作るなどしてチームの和を乱していたのは有名な話だ。能力的にも移籍前から下降気味ではあったので、「リーグが変わったせいで通用しなかった」わけではないと思われる。

アリアスは、本人曰《いわ》く「阪神では信念や希望を持ち、何より野球は楽しむものだと感じた。巨人にはいいプレイヤーがいるが、重圧に負け野球を楽しんでいない」と、巨人軍特有のプレッシャーを語っており、阪神時代のようなパフォーマンスは残せなかった。また、阪神在籍最終年にも30本塁打を切っており、年齢的な問題も露呈した。

01年までの長嶋政権の場合は、既に峠《とうげ》を越した４番打者やスラッガータイプを同じポジションで獲得したがゆえに、あまり効果的な補強にならなかった。堀内恒夫政権の際は、打線は強力だったものの、投手力と守備力が必要最低限に満たないレベルだった。

## 改善され始めた補強と補完

先に挙げたような例がないわけではないが、ＦＡやトレードによる大型選手の移籍に関しては、チームの対応を含めて、年々質が向上していると考える。10年代だと杉内俊哉、村田修一はもちろんのこと、山口俊や丸といった選手は一定以上、優勝に貢献した。また、金《きん》城《じょう》龍彦《たつひこ》や相川《あいかわ》亮《りょう》二《じ》、炭谷《すみたに》銀《ぎん》仁《じ》朗《ろう》、ゼラス・ウィーラーなどは、補強という名の下、実質的にはチームの補完材料として獲得した意図があるだろう。

## 工藤公康成績（巨人在籍時）

| 年 | 登板 | 先発 | 勝利 | 敗戦 | セーブ | ホールド | 勝率 | 投球回 | 奪三振 | 防御率 | WHIP |
|---|---|---|---|---|---|---|---|---|---|---|---|
| 2000 | 21 | 21 | 12 | 5 | 0 | — | .706 | 136 | 148 | 3.11 | 1.05 |
| 2001 | 5 | 5 | 1 | 3 | 0 | — | .250 | 21.1 | 8 | 8.44 | 1.97 |
| 2002 | 24 | 24 | 9 | 8 | 0 | — | .529 | 170.1 | 151 | 2.91 | 1.07 |
| 2003 | 18 | 18 | 7 | 6 | 0 | — | .538 | 117 | 115 | 4.23 | 1.19 |
| 2004 | 23 | 23 | 10 | 7 | 0 | — | .588 | 138.2 | 128 | 4.67 | 1.39 |
| 2005 | 24 | 24 | 11 | 9 | 0 | 0 | .550 | 136 | 130 | 4.70 | 1.49 |
| 2006 | 13 | 13 | 3 | 2 | 0 | 0 | .600 | 70 | 52 | 4.50 | 1.26 |
| 通算 | 128 | 128 | 53 | 40 | 0 | 0 | .570 | 789.1 | 732 | 4.05 | 1.26 |

## ブライアン・シコースキー成績（巨人在籍時）

| 年 | 登板 | 先発 | 勝利 | 敗戦 | セーブ | ホールド | 勝率 | 投球回 | 奪三振 | 防御率 | WHIP |
|---|---|---|---|---|---|---|---|---|---|---|---|
| 2004 | 62 | 0 | 5 | 3 | 5 | — | .625 | 77.2 | 83 | 2.67 | 1.26 |
| 2005 | 70 | 0 | 7 | 1 | 0 | 14 | .875 | 87.2 | 100 | 3.29 | 1.23 |
| 通算 | 132 | 0 | 12 | 4 | 5 | 14 | .750 | 165.1 | 183 | 2.99 | 1.25 |

## 豊田清成績（巨人在籍時）

| 年 | 登板 | 先発 | 勝利 | 敗戦 | セーブ | ホールド | 勝率 | 投球回 | 奪三振 | 防御率 | WHIP |
|---|---|---|---|---|---|---|---|---|---|---|---|
| 2006 | 38 | 0 | 1 | 4 | 13 | 7 | .200 | 38 | 46 | 3.32 | 1.18 |
| 2007 | 47 | 0 | 2 | 5 | 4 | 20 | .286 | 48 | 56 | 3.38 | 1.13 |
| 2008 | 50 | 0 | 3 | 2 | 0 | 26 | .600 | 46.1 | 49 | 3.30 | 1.08 |
| 2009 | 46 | 0 | 2 | 2 | 5 | 15 | .500 | 40.2 | 32 | 1.99 | 1.23 |
| 2010 | 16 | 0 | 1 | 1 | 0 | 3 | .500 | 14.1 | 18 | 4.40 | 1.95 |
| 通算 | 197 | 0 | 9 | 14 | 22 | 71 | .391 | 187.1 | 201 | 3.12 | 1.21 |

## 藤井秀悟成績（巨人在籍時）

| 年 | 登板 | 先発 | 勝利 | 敗戦 | セーブ | ホールド | 勝率 | 投球回 | 奪三振 | 防御率 | WHIP |
|---|---|---|---|---|---|---|---|---|---|---|---|
| 2010 | 23 | 22 | 7 | 3 | 0 | 0 | .700 | 122 | 91 | 3.76 | 1.16 |
| 2011 | 1 | 0 | 0 | 0 | 0 | 0 | .000 | 5 | 1 | 5.40 | 1.40 |
| 通算 | 24 | 22 | 7 | 3 | 0 | 0 | .700 | 127 | 92 | 3.83 | 1.17 |

### 杉内俊哉成績（巨人在籍時）

| 年 | 登板 | 先発 | 勝利 | 敗戦 | セーブ | ホールド | 勝率 | 投球回 | 奪三振 | 防御率 | WHIP |
|---|---|---|---|---|---|---|---|---|---|---|---|
| 2012 | 24 | 24 | 12 | 4 | 0 | 0 | .750 | 163 | 172 | 2.04 | 0.98 |
| 2013 | 24 | 24 | 11 | 6 | 0 | 0 | .647 | 153 | 149 | 3.35 | 1.12 |
| 2014 | 26 | 26 | 10 | 6 | 0 | 0 | .625 | 159.1 | 145 | 3.16 | 1.16 |
| 2015 | 17 | 17 | 6 | 6 | 0 | 0 | .500 | 95.2 | 93 | 3.95 | 1.29 |
| 通算 | 91 | 91 | 39 | 22 | 0 | 0 | .639 | 571 | 559 | 3.03 | 1.12 |

### 大竹寛成績（巨人在籍時）

| 年 | 登板 | 先発 | 勝利 | 敗戦 | セーブ | ホールド | 勝率 | 投球回 | 奪三振 | 防御率 | WHIP |
|---|---|---|---|---|---|---|---|---|---|---|---|
| 2014 | 22 | 22 | 9 | 6 | 0 | 0 | .600 | 129 | 79 | 3.98 | 1.25 |
| 2015 | 11 | 11 | 3 | 4 | 0 | 0 | .429 | 56 | 35 | 3.21 | 1.20 |
| 2016 | 17 | 16 | 6 | 6 | 0 | 0 | .500 | 91.1 | 71 | 3.55 | 1.32 |
| 2017 | 13 | 13 | 4 | 4 | 0 | 0 | .500 | 69 | 50 | 5.09 | 1.35 |
| 2018 | 2 | 2 | 1 | 1 | 0 | 0 | .500 | 9 | 5 | 6.00 | 1.67 |
| 2019 | 32 | 0 | 4 | 0 | 0 | 8 | 1.000 | 26 | 24 | 2.77 | 1.31 |
| 2020 | 29 | 0 | 1 | 2 | 0 | 16 | .333 | 24.1 | 16 | 2.59 | 1.19 |
| 通算 | 126 | 64 | 28 | 23 | 0 | 24 | .549 | 404.2 | 280 | 3.85 | 1.29 |

### 山口俊成績（巨人在籍時）

| 年 | 登板 | 先発 | 勝利 | 敗戦 | セーブ | ホールド | 勝率 | 投球回 | 奪三振 | 防御率 | WHIP |
|---|---|---|---|---|---|---|---|---|---|---|---|
| 2017 | 4 | 4 | 1 | 1 | 0 | 0 | .500 | 21 | 22 | 6.43 | 1.90 |
| 2018 | 30 | 21 | 9 | 9 | 1 | 1 | .500 | 154 | 144 | 3.68 | 1.21 |
| 2019 | 26 | 26 | 15 | 4 | 0 | 0 | .789 | 170 | 188 | 2.91 | 1.16 |
| 通算 | 60 | 51 | 25 | 14 | 1 | 1 | .641 | 345 | 354 | 3.47 | 1.23 |

### 森福允彦成績（巨人在籍時）

| 年 | 登板 | 先発 | 勝利 | 敗戦 | セーブ | ホールド | 勝率 | 投球回 | 奪三振 | 防御率 | WHIP |
|---|---|---|---|---|---|---|---|---|---|---|---|
| 2017 | 30 | 0 | 1 | 3 | 0 | 6 | .250 | 20.2 | 18 | 3.05 | 1.45 |
| 2018 | 2 | 0 | 0 | 0 | 0 | 0 | .000 | 2 | 0 | 13.50 | 2.00 |
| 2019 | 7 | 0 | 0 | 0 | 0 | 3 | .000 | 4.1 | 5 | 6.23 | 1.15 |
| 通算 | 39 | 0 | 1 | 3 | 0 | 9 | .250 | 27 | 23 | 4.33 | 1.44 |

### 野上亮磨成績（巨人在籍時）

| 年 | 登板 | 先発 | 勝利 | 敗戦 | セーブ | ホールド | 勝率 | 投球回 | 奪三振 | 防御率 | WHIP |
|---|---|---|---|---|---|---|---|---|---|---|---|
| 2018 | 25 | 9 | 4 | 4 | 0 | 1 | .500 | 71.1 | 54 | 4.79 | 1.33 |
| 2019 | 13 | 1 | 1 | 2 | 1 | 3 | .333 | 18 | 16 | 3.50 | 1.39 |
| 通算 | 38 | 10 | 5 | 6 | 1 | 4 | .455 | 89.1 | 70 | 4.53 | 1.34 |

## 落合博満成績（巨人在籍時）

| 年 | 試合 | 打席 | 安打 | 本塁打 | 打点 | 盗塁 | 打率 | 出塁率 | 長打率 | OPS |
|---|---|---|---|---|---|---|---|---|---|---|
| 1994 | 129 | 540 | 125 | 15 | 68 | 0 | .280 | .393 | .423 | .815 |
| 1995 | 117 | 483 | 124 | 17 | 65 | 1 | .311 | .414 | .481 | .895 |
| 1996 | 106 | 448 | 113 | 21 | 86 | 3 | .301 | .408 | .516 | .924 |
| 通算 | 352 | 1471 | 362 | 53 | 219 | 4 | .296 | .404 | .471 | .875 |

## 清原和博成績（巨人在籍時）

| 年 | 試合 | 打席 | 安打 | 本塁打 | 打点 | 盗塁 | 打率 | 出塁率 | 長打率 | OPS |
|---|---|---|---|---|---|---|---|---|---|---|
| 1997 | 130 | 550 | 115 | 32 | 95 | 0 | .249 | .356 | .509 | .865 |
| 1998 | 116 | 470 | 103 | 23 | 80 | 1 | .268 | .379 | .484 | .863 |
| 1999 | 86 | 323 | 62 | 13 | 46 | 0 | .236 | .365 | .430 | .795 |
| 2000 | 75 | 252 | 64 | 16 | 54 | 0 | .296 | .385 | .565 | .950 |
| 2001 | 134 | 552 | 139 | 29 | 121 | 0 | .298 | .396 | .546 | .942 |
| 2002 | 55 | 174 | 47 | 12 | 33 | 0 | .318 | .414 | .568 | .981 |
| 2003 | 114 | 403 | 99 | 26 | 68 | 0 | .290 | .390 | .545 | .935 |
| 2004 | 40 | 120 | 23 | 12 | 27 | 0 | .228 | .350 | .604 | .954 |
| 2005 | 96 | 375 | 68 | 22 | 52 | 0 | .212 | .317 | .436 | .753 |
| 通算 | 846 | 3219 | 720 | 185 | 576 | 1 | .266 | .372 | .511 | .883 |

## 江藤智成績（巨人在籍時）

| 年 | 試合 | 打席 | 安打 | 本塁打 | 打点 | 盗塁 | 打率 | 出塁率 | 長打率 | OPS |
|---|---|---|---|---|---|---|---|---|---|---|
| 2000 | 127 | 528 | 117 | 32 | 91 | 7 | .256 | .340 | .508 | .847 |
| 2001 | 134 | 568 | 138 | 30 | 87 | 9 | .285 | .381 | .518 | .898 |
| 2002 | 125 | 471 | 100 | 18 | 56 | 5 | .242 | .322 | .406 | .728 |
| 2003 | 105 | 296 | 72 | 17 | 43 | 2 | .268 | .319 | .480 | .798 |
| 2004 | 55 | 111 | 22 | 4 | 15 | 1 | .227 | .324 | .392 | .716 |
| 2005 | 81 | 111 | 16 | 0 | 4 | 0 | .172 | .288 | .215 | .503 |
| 通算 | 627 | 2085 | 465 | 101 | 296 | 24 | .256 | .340 | .462 | .802 |

## タフィー・ローズ成績（巨人在籍時）

| 年 | 試合 | 打席 | 安打 | 本塁打 | 打点 | 盗塁 | 打率 | 出塁率 | 長打率 | OPS |
|---|---|---|---|---|---|---|---|---|---|---|
| 2004 | 134 | 601 | 150 | 45 | 99 | 3 | .287 | .378 | .577 | .955 |
| 2005 | 101 | 445 | 91 | 27 | 70 | 2 | .240 | .337 | .478 | .815 |
| 通算 | 235 | 1046 | 241 | 72 | 169 | 5 | .267 | .360 | .535 | .896 |

### ジョージ・アリアス成績（巨人在籍時）

| 年 | 試合 | 打席 | 安打 | 本塁打 | 打点 | 盗塁 | 打率 | 出塁率 | 長打率 | OPS |
|---|---|---|---|---|---|---|---|---|---|---|
| 2006 | 17 | 64 | 10 | 2 | 5 | 0 | .167 | .219 | .300 | .519 |
| 通算 | 17 | 64 | 10 | 2 | 5 | 0 | .167 | .219 | .300 | .519 |

### 片岡治大成績（巨人在籍時）

| 年 | 試合 | 打席 | 安打 | 本塁打 | 打点 | 盗塁 | 打率 | 出塁率 | 長打率 | OPS |
|---|---|---|---|---|---|---|---|---|---|---|
| 2014 | 126 | 484 | 108 | 6 | 32 | 24 | .252 | .304 | .340 | .644 |
| 2015 | 113 | 411 | 85 | 10 | 36 | 21 | .244 | .299 | .374 | .672 |
| 2016 | 32 | 93 | 18 | 2 | 4 | 4 | .222 | .276 | .333 | .609 |
| 通算 | 271 | 988 | 211 | 18 | 72 | 49 | .246 | .299 | .353 | .652 |

### 相川亮二成績（巨人在籍時）

| 年 | 試合 | 打席 | 安打 | 本塁打 | 打点 | 盗塁 | 打率 | 出塁率 | 長打率 | OPS |
|---|---|---|---|---|---|---|---|---|---|---|
| 2015 | 40 | 114 | 31 | 4 | 17 | 1 | .313 | .505 | .384 | .889 |
| 2016 | 37 | 48 | 10 | 0 | 4 | 0 | .244 | .293 | .333 | .626 |
| 2017 | 29 | 40 | 6 | 0 | 3 | 0 | .158 | .184 | .175 | .359 |
| 通算 | 106 | 202 | 47 | 4 | 24 | 1 | .264 | .388 | .330 | .718 |

### 金城龍彦成績（巨人在籍時）

| 年 | 試合 | 打席 | 安打 | 本塁打 | 打点 | 盗塁 | 打率 | 出塁率 | 長打率 | OPS |
|---|---|---|---|---|---|---|---|---|---|---|
| 2015 | 36 | 95 | 21 | 1 | 10 | 1 | .233 | .266 | .300 | .566 |
| 通算 | 36 | 95 | 21 | 1 | 10 | 1 | .233 | .266 | .300 | .566 |

### 陽岱鋼成績（巨人在籍時）

| 年 | 試合 | 打席 | 安打 | 本塁打 | 打点 | 盗塁 | 打率 | 出塁率 | 長打率 | OPS |
|---|---|---|---|---|---|---|---|---|---|---|
| 2017 | 87 | 381 | 87 | 9 | 33 | 4 | .264 | .356 | .406 | .762 |
| 2018 | 87 | 276 | 62 | 10 | 37 | 2 | .245 | .297 | .427 | .724 |
| 2019 | 110 | 231 | 57 | 4 | 21 | 0 | .274 | .346 | .380 | .726 |
| 2020 | 38 | 77 | 15 | 1 | 6 | 1 | .238 | .351 | .302 | .652 |
| 通算 | 322 | 965 | 221 | 24 | 97 | 7 | .259 | .336 | .398 | .735 |

16年オフに移籍してきた陽《よう》岱《だい》鋼《かん》は、5年契約の年俸面が目立つが、故障がちな体質だったり調子の波が激しい。そのため、移籍当初に期待されていたように中心選手で稼働させるよりも、両翼手として他の選手と併用することで活かせる選手だろう。さらに、19年には代打打率・394を記録したこともあり、右の代打の切り札としても置いておける存在である。

杉内は12～14年まで二桁勝利を記録し、リーグ3連覇に大きく寄与した。移籍後1年目は、ソフトバンク時代と同様に三振を多く奪うスタイルで勝ち星を積み上げ、交流戦の東北楽天ゴールデンイーグルス戦ではノーヒットノーランも達成した。最終的に最高勝率と最多奪三振のタイトルを獲得したが、怪我での離脱もあり、ポストシーズンは出場できなかった。移籍2・3年目は球数や奪三振を減らすなどピッチングのスタイルを変えつつも勝利は変わらず重ねていき、リーグ優勝に貢献した。しかし、同時に衰えも顕著に現れていき、4年目からは怪我に苦しみ、キャリア最後の3年間は登板なしで引退した。

村田の移籍後1年目（12年）は、統一球や巨人ブランドのプレッシャーもあり低調な数字に終始したが、2年目は月間安打記録を残すなどし、シーズン途中から4番として活躍した。5年目も3割25本を記録するなど、守備面も含めたら貢献度の高さはかなりのものだった。杉内と村田に関しては、引退後もコーチとして巨人軍に携わっている。

山口俊はキャンプ序盤で離脱したり、プレッシャーに対する弱さが露呈した移籍１年目（17年）だった。しかし、この年に日本一に輝いたソフトバンクに対して６回までノーヒットピッチングをするなど、持ち前の馬力やスターターとしての素質も見せた。その後は不祥事こそあったが、在籍２年目は菅野に次ぐ先発の柱として史上79人目のノーヒットノーランを達成し、初の規定投球回数を投げ切った。３年目は開幕から好調を維持し、キャリアハイとなる15勝４敗 勝率．７８９ 防御率２．９１ １８８奪三振を記録。投手３冠（最多勝・最多奪三振・最高勝率）を達成した。その後、ポスティングシステムを利用してＭＬＢのトロント・ブルージェイズに移籍した。

## 「再生工場」としての一面も

巨人軍への移籍は華やかなパターンだけではない。ベテランの域に達しながらも、戦力外からあるいはトレードで入団した選手もいる。

07年に理想的な２番打者として復活を遂げた谷佳知《たによしとも》は、まさにその代表例だろう。巨人に移籍してくる前のオリックス・バファローズでの２年間は、怪我や故障の影響もあり、キャ

### 谷佳知成績（巨人在籍時）

| 年 | 試合 | 打席 | 安打 | 本塁打 | 打点 | 盗塁 | 打率 | 出塁率 | 長打率 | OPS |
|---|---|---|---|---|---|---|---|---|---|---|
| 2007 | 141 | 595 | 172 | 10 | 53 | 10 | .318 | .357 | .431 | .787 |
| 2008 | 120 | 373 | 103 | 10 | 45 | 5 | .295 | .330 | .430 | .759 |
| 2009 | 101 | 316 | 95 | 11 | 48 | 3 | .331 | .383 | .533 | .916 |
| 2010 | 84 | 195 | 42 | 2 | 10 | 2 | .239 | .293 | .307 | .600 |
| 2011 | 83 | 142 | 37 | 0 | 7 | 2 | .274 | .291 | .319 | .609 |
| 2012 | 89 | 255 | 59 | 3 | 22 | 1 | .258 | .299 | .319 | .618 |
| 2013 | 13 | 31 | 7 | 0 | 1 | 0 | .250 | .300 | .321 | .621 |
| 通算 | 631 | 1907 | 515 | 36 | 186 | 23 | .295 | .336 | .410 | .746 |

### 大道典嘉成績（巨人在籍時）

| 年 | 試合 | 打席 | 安打 | 本塁打 | 打点 | 盗塁 | 打率 | 出塁率 | 長打率 | OPS |
|---|---|---|---|---|---|---|---|---|---|---|
| 2007 | 42 | 43 | 11 | 1 | 1 | 0 | .306 | .405 | .472 | .877 |
| 2008 | 60 | 69 | 17 | 2 | 16 | 0 | .274 | .324 | .484 | .807 |
| 2009 | 37 | 38 | 9 | 0 | 3 | 0 | .257 | .297 | .286 | .583 |
| 2010 | 5 | 5 | 0 | 0 | 0 | 0 | .000 | .000 | .000 | .000 |
| 通算 | 144 | 155 | 37 | 3 | 20 | 0 | .268 | .329 | .413 | .742 |

### 石井義人成績（巨人在籍時）

| 年 | 試合 | 打席 | 安打 | 本塁打 | 打点 | 盗塁 | 打率 | 出塁率 | 長打率 | OPS |
|---|---|---|---|---|---|---|---|---|---|---|
| 2012 | 51 | 64 | 17 | 0 | 14 | 0 | .315 | .381 | .352 | .733 |
| 2013 | 62 | 70 | 13 | 0 | 2 | 0 | .203 | .271 | .203 | .475 |
| 2014 | 7 | 6 | 1 | 0 | 1 | 0 | .250 | .333 | .250 | .583 |
| 通算 | 120 | 140 | 31 | 0 | 17 | 0 | .254 | .324 | .270 | .594 |

### 藤田宗一成績（巨人在籍時）

| 年 | 登板 | 先発 | 勝利 | 敗戦 | セーブ | ホールド | 勝率 | 投球回 | 奪三振 | 防御率 | WHIP |
|---|---|---|---|---|---|---|---|---|---|---|---|
| 2008 | 39 | 0 | 0 | 0 | 0 | 13 | .000 | 29 | 21 | 3.10 | 1.31 |
| 2009 | 19 | 0 | 1 | 0 | 0 | 2 | 1.000 | 17.1 | 10 | 2.08 | 1.21 |
| 2010 | 0 | 0 | 0 | 0 | 0 | 0 | — | 0 | 0 | — | — |
| 通算 | 58 | 0 | 1 | 0 | 0 | 15 | 1.000 | 46.1 | 31 | 2.72 | 1.27 |

リアの低迷期を迎えていた。この状況下でトレード移籍が決まったが、原氏は谷を２番打者として積極的に起用。すると移籍初年度から見事に復活し、チームトップの打率・３１８を記録した。オリックス時代は盗塁王に輝くほどの足の速さを活かすために１番打者を担っていたが、右打ちはもちろんのこと、試合中の状況判断も踏まえた打撃も可能な谷だからこそ２番打者の役割を果たすことができた。また、谷の復活による相乗効果で、１番打者を任されていた高橋由伸も復活を遂げ、５年ぶりのリーグ優勝を果たした。

大道典嘉《おおみちのりよし》も谷と同じ07年のオフに無償トレードで加入し、代打ながらも打率は・３０６を記録し、優勝に貢献。以降も代打の切り札としてキャリアを重ねた。08年は巨人打線が苦手としていた杉内俊哉（当時ソフトバンク）から同点ホームランを放ち、09年はＣＳで中日のチェン・ウェインから決勝タイムリーを放ち、日本シリーズでは劣勢の中で同点タイムリーを放ち日本一に貢献した。千葉ロッテから戦力外通告を受けた藤田宗一《ふじたそういち》も、巨人軍に入団後はいぶし銀の活躍を見せた一人だ。山口鉄也が板に着くまで左の中継ぎとしてリリーフ陣を支え、08年の逆転優勝に貢献した。

12年のＣＳで劇的なサヨナラタイムリーを放った石井義人《いしいよしひと》も、大道や藤田と同じ類の選手と言える。西武時代は規定打席で３割に到達し打率リーグ４位となったシーズンもあるほどで、シャープな打撃が特徴的だった。しかし、11年のシーズンでは若手起用のチーム方針や統一球の影響からの打撃不振もあり12試合の出場に留まり、戦力外となった。その後のトライアウトを受けた結果、巨人の入団が決まり、翌12年は代打打率・４０５に加え得点圏打率・４４４を記録するなど、代打の切り札として勝負強さを発揮して優勝と日本一に貢献した。

さらには井端弘和《いばたひろかず》もこの中に加えてよいだろう。中日時代の晩年は目の不調や怪我などで思うようなパフォーマンスが残せず、大減俸を提示され、契約を結ばず巨人に入団した。片岡治大と坂本勇人が怪我や故障で出場できなかった際のカバーや、右の代打として復活を遂げただけでなく、坂本の守備指導をしたのも井端であり、成績以上に大きな貢献をしたことは間違いない。

近年、リリーバーの軸として開花した大竹寛《おおたけかん》は移籍後に時間をおいて復活した一人だ。広島時代は先発とリリーフ両方の経験があり、巨人に移籍する前の２年は二桁勝利を記録していた。移籍１年目は先発ローテーションで９勝を挙げたものの、それ以降は年齢的な衰えもあり、結果を残せていなかった。しかし、19年のシーズン中盤に中継ぎとして登板してからは、持ち前のシュートやスライダーを活かしてピンチの場面で併殺打の山を築き、復活を遂げて優勝に貢献。その勢いもあり、プレミア12では日本代表にも選出された。

このように、華やかな移籍選手だけではなく、キャリアの下り坂ながらも巨人に入団してから復活を遂げてチームを優勝に導く一角となる選手も多い。こうしたケースからも巨人の指導力や適材適所を見出せる環境が垣間見える。

## 「ヤンチャ」な選手の必要性

余談だが、チャランポランな性格の選手やいわゆるヤンチャな選手は、今後ますます必要になってくると感じている。選手として巨人軍のＶ９時代を支え指揮官として西武の黄金期を支えた森《もり》祇晶《まさあき》氏は、「普段、チャランポランな性格の選手の方が、いざという時意外に頼りになる。勝負事の場合、ふと生真面目なキャラクターが表に出てきてしまう者は、やはり大場面に弱い」という言葉を残している。完全に同意である。名将の言葉通り、こうしたパーソナリティを持つ選手はやはり頼りにされる。

巨人の場合、坂本がまさにそのタイプだろう。プライベートに関する報道を聞くと（最近はあまり聞かなくなったが）、若手の頃からまさに「遊び人」のイメージが強い。だが、キャリアの長期間を通じてトップを走るメンタリティや、選手としてここぞの場面で結果を残す姿は印象的だ。

また、中田翔《なかたしょう》も典型的な例だろう。大阪桐蔭時代からヤンチャなエピソードは枚挙《まいきょ》にいとまがないが、試合の要所で「打点を生み出す能力」は現役選手で頭一つ抜けている。特に国際大会での貢献度は高く、大舞台になればなるほど頼れる選手である。

他には、19年のプレミア12で圧倒的な成績でＭＶＰを獲得した広島の鈴木誠也やソフトバンクの柳田悠岐、３度のトリプルスリーを達成したヤクルトの山田哲人《やまだてつと》などの名前を挙げることができる。単に普段のプレーに派手さがあるだけでなく、コメントなども含めて良い意味での勢い、ヤンチャさがある。ヤンチャな選手はプレーのクオリティの高さや圧倒的な存在感はもちろんのこと、プレーやコミュニケーションを通じてチームの士気を上げる能力も高いのだろう。

## 原辰徳が「原イズム」を確立するまで

ここで、選手から監督へと視点を移してみる。監督のあり方にも、巨人は他のチームと若干異なる事情があるように思われる。

## 原辰徳監督成績

| 年 | 順位 | 試合 | 勝利 | 敗戦 | 引分 | 勝率 | チーム打率 | チーム防御率 | 得点 | 失点 |
|---|---|---|---|---|---|---|---|---|---|---|
| 2002 | 1位 | 140 | 86 | 52 | 2 | .623 | .272 | 3.04 | 691 | 485 |
| 2003 | 3位 | 140 | 71 | 66 | 3 | .518 | .262 | 4.43 | 654 | 681 |
| 2006 | 4位 | 146 | 65 | 79 | 2 | .451 | .251 | 3.65 | 552 | 592 |
| 2007 | 1位 | 144 | 80 | 63 | 1 | .559 | .276 | 3.58 | 692 | 556 |
| 2008 | 1位 | 144 | 84 | 57 | 3 | .596 | .266 | 3.37 | 631 | 532 |
| 2009 | 1位 | 144 | 89 | 46 | 9 | .659 | .275 | 2.94 | 650 | 493 |
| 2010 | 3位 | 144 | 79 | 64 | 1 | .552 | .266 | 3.89 | 711 | 617 |
| 2011 | 3位 | 144 | 71 | 62 | 11 | .534 | .243 | 2.61 | 471 | 417 |
| 2012 | 1位 | 144 | 86 | 43 | 15 | .667 | .256 | 2.16 | 534 | 354 |
| 2013 | 1位 | 144 | 84 | 53 | 7 | .613 | .262 | 3.21 | 597 | 508 |
| 2014 | 1位 | 144 | 82 | 61 | 1 | .573 | .257 | 3.58 | 596 | 552 |
| 2015 | 2位 | 143 | 75 | 67 | 1 | .528 | .243 | 2.78 | 489 | 443 |
| 2019 | 1位 | 143 | 77 | 64 | 2 | .546 | .257 | 3.77 | 663 | 573 |
| 2020 | 1位 | 120 | 67 | 45 | 8 | .598 | .255 | 3.34 | 532 | 421 |
| 通算 | | 1984 | 1096 | 822 | 66 | .571 | — | — | 8463 | 7225 |

現巨人監督の原辰徳氏は現役引退後、解説者の経験を経てヘッドコーチという立場から指導者のキャリアを開始し、長嶋茂雄氏の後を引き継いで監督に就任した。長嶋氏の感覚的な采配を継承するかのように、原氏も就任１年目から大胆な采配を見せた。対左投手の際はスタメンの機会が少なかった清水を１番に抜擢して固定。かつて１番に座っていた仁志敏久《にしとしひさ》の８番降格や二岡の２番抜擢、河原純一《かわはらじゅんいち》のクローザーへの配置転換などがあった。さらに、高橋由伸が怪我で離脱した後は当時２年目の阿部を３番に起用し、清原が怪我で離脱した後は斉《さい》藤宜之《とうたかゆき》をスタメンに抜擢するなど、見事に采配を的中させ、リーグ優勝と日本一に輝

いた。阿部に関しては、長嶋氏が監督キャリアの最後の置き土産として、ルーキーイヤーながらも出場させ続けて育て、引き継いだ原氏が積極的にクリーンアップで起用した結果、２年目の飛躍に繋がった。

一度目の就任時から、原氏は若手選手のモチベーションコントロールが上手く、主力を基盤に若手を育成する方法論を確立しつつあった。特に、二軍に埋もれていた若手選手はアピールの機会が与えられやすかったため、モチベーションも高く維持されていたように思う。

その後、第二次政権初期の07年は、前述した高橋由伸と谷の１、２番に新加入の小笠原を３番に置いたことで打撃陣のコアを確立し、怪我で出遅れていたエースの上原を抑えに回す起用法で優勝した。また、この頃には内海がエースとして独り立ちできたことも大きかった。08年は、ラミレス、マーク・クルーン、セス・グライシンガーといった実績のある外国人選手が加わり、軸となる選手がさらに確立されていった。坂本勇人が台頭したのもこのシーズンである。続く09年は若手と主軸の融合がさらに進み日本一に輝いた。３年後の12年からは阿部、坂本、長野らの生え抜きを主軸として３連覇を成し遂げた。そして現在の第三次政権でも「原イズム」が浸透し、19・20年とリーグ２連覇を果たしている。

長嶋氏から原氏へと巨人イズムが継承されたわけだが、これは「歴史は繰り返す」という後衛的な理論の表れだと言うこともできる。従来の花形的な存在である「４番サード」だった両選手が監督としてバトンをリレーしたことによって、守られるべき伝統も受け継がれていった。

## 長嶋が育てた松井

松井秀喜の入団後、当時監督だった長嶋茂雄氏は「４番１０００日計画」を掲げた。長い時間をかけて松井を「巨人軍の真の４番打者」として育て上げる、スター街道への特別プランだった。長嶋氏は松井を自宅やホテルに何度も呼び出しては、マンツーマンでスイングをチェックした。そこでこだわったのはフォームではなく、トップスピードの音だ。長嶋監督が求める音が出るまで、ひたすら素振りを続けさせたそうだ。

１年目、松井はプロの壁にぶつかって57試合の出場で11本塁打に終わり、翌94年にはＦＡで中日から移籍してきた落合博満が不動の４番に座った。松井はその姿を、３番打者として間近で見続けて学んだ。その後96年に落合が故障離脱し、松井は初めて巨人の４番に座る。この試合は２安打２打点で勝利に貢献した。落合の復帰後はすぐに落合が４番に戻ったが、松井は７・８月と連続で月間ＭＶＰを獲得。最終的には38本塁打、99打点、打率・３１４で逆転優勝「メークドラマ」の立役者となってシーズンＭＶＰに輝いた。ポイントをボール１～２個分、前でさばく意識を持ったことで打球がファウルゾーンへ切れなくなり、本塁打の増加に繋がった。翌97年にはＦＡで西武から加入した清原和博が４番打者となり、松井はこのシーズンも３番に座ることに。37本塁打１０３打点の好成績を残したが、２年連続で本塁打王には１本差で届かなかった。だがその翌年は34本塁打１００打点で初タイトルとなる本塁打王・打点王の２冠に輝き、99年は無冠に終わったものの42本塁打を放つなど、徐々に格を上げていった。

そして00年、長嶋監督は開幕４番に松井を指名した。松井はその期待に応える形で、シーズンを通して３冠王に近いパフォーマンスを残した。打率・３１６はリーグ３位にとどまったが、42本塁打に１０８打点で２度目の打撃２冠に加えてシーズンＭＶＰを獲得。ダイエーホークスを率いる王監督との「ＯＮ決戦」となった日本シリーズでも打率・３８１ ３本 ８打点でシリーズＭＶＰに輝いた。このシーズンをもって、長嶋監督が手塩にかけた最後の超大作「４番・松井秀喜」が完成された。

## 長嶋と原の二人が育てた阿部、原が育てた坂本

その後にチームの柱となった阿部慎之助は、長嶋氏と原氏の「合作」と呼ぶことができるだろう。長嶋氏は監督としてのキャリア最終シーズン、前年にチームを日本一に導いた村田真一という捕手がいながら、阿部をスタメン起用することにした。これは大きな決断だったに違いない。そして、阿部のスタメン起用を長嶋氏に推薦したのが当時ヘッドコーチを務めていた原氏である。

阿部はルーキーイヤーから開幕スタメンで出場するなど当然期待を寄せられていたが、その反面でプレッシャーもあったに違いない。加えて、「打撃型捕手」のイメージからなかなかリードや守備面が評価されない時期も長かった。一旦は原氏の一案で打撃を活かして一塁手として使う案も出ていたが、捕手を貫き通し、やがて巨人軍歴代最高の捕手として成長した。とりわけ12年には原氏から「巨人は慎之助のチーム」と称されるほどの圧倒的な成績を残し、原第二次政権の黄金期を核となり支えた。

ちなみに、阿部にとっては巨人でもう一人、重要な出会いがあった。入団当時に打撃コー

チを務め、長嶋政権と原政権の参謀役を担っていた内《うち》田《だ》順三《じゅんぞう》氏だ。阿部がプロに入ってからの打撃理論は内田氏に教わったと言っても過言ではないだろう。内田氏は巨人の打撃コーチを94年から務め、松井秀喜や高橋由伸らの強打者を育て上げた名指導者だ。01年から阿部を預かった内田氏は「アマチュアの時からバッティングはできている。直すところなんて感じなかった。彼の大学からやってきたスタイルでやっていこうというのが僕の考えだった」というコメントを残している。

とはいえ、バットを多く振ることだけは二人の間で徹底されていたそうだ。神宮《じんぐう》球場や横浜スタジアムで試合がある日でも、巨人の練習施設でバットを振ってから球場に足を運ぶようにしていたという。内田氏は「ただ漠然と振るのではなく、本気になって振っていた。レギュラーとして試合に出て、〝おいしい〟部分を知っているからね」と推測する。負担の大きい捕手のポジションを務めていることもあり、長嶋監督からは「阿部は疲れていないか」とよく聞かれたという。それでも長嶋監督は内田氏に信頼を寄せ、阿部への指導スタイルに反対はしなかったそうだ。阿部はこうした若手時代を過ごし、驚異的なスイングスピードを身につけて歴代トップクラスの捕手へと成長した。

坂本の場合は、原氏とまさに師弟《してい》関係である。入団時から現在までほとんどの時期を原氏が見ている。ルーキーイヤーでは優勝争い真っ只中の中日戦でタイムリーを放ち、２年目からは二岡智宏の不祥事もありスタメンに見出され、以降は中心選手として活躍している。

原氏が巨人軍歴代最多を更新する監督通算１０６７勝を挙げた試合では、「勇人は入団した時から知っていて、私が手塩に掛けながら育てると。一緒に泥んこになりながら練習したり、彼を助けてきた自負がありました。しかしここ数年は彼に頼ってると。今日もあの場面でホームランというのは、昔は私が育てたけど、今は彼に育ててもらってるなと頼もしく思ってます」と、全面的に信頼していることがわかるコメントを残した（なお、坂本のキャリアについては第４章で詳しく分析しているのでご参照いただきたい）。

## 逆説的にスモールベースボールを根づかせた堀内恒夫政権

本書は巨人の良いところばかりを取り上げている、という印象をお持ちの方がいるかもしれない。ここで、ファンにとってはあまり思い出したくない時期を振り返ろうと思う。

まずは堀内恒夫政権（04・05年）。この頃の巨人は中日と阪神に子ども扱いされており、地上波で放送が始まると既に先制されていることが多々あった。シーズン２５９本塁打を記録した「史上最強打線」を擁しながらも優勝を逃したわけだが、実態は壊滅的なレベルだった。

まず、投手陣は「崩壊」と呼んでいい状況で、04・05年の両シーズンともチーム防御率は4点台だった（04年はリーグ4位、05年はリーグ最下位）。投球回数や防御率などの数字から見てもまともに投げられていた先発は上原のみで、ブルペン陣も2年ともに稼働できたのはブライアン・シコースキーただ1人。頭から後ろまで壊滅状態だった。特に、05年序盤で抑えに起用されたダン・ミセリはオープン戦の段階でも球威が全くなく、開幕後も数試合を壊すなどしたので、チームとしても見極めの遅さに問題があった。

また、投手陣だけではなく全体のディフェンス力も脆弱《ぜいじゃく》だった。センターラインの仁志と二岡の二遊間は、守備範囲自体は広くなく、ローズやゲーブ・キャプラーをセンターに置くという絶望的な守備陣だった。打順の組み方も「生え抜き至上主義」の欠点が見られ、4番タイプではない高橋由伸を4番に置いて小久保やローズを6番に回したり、そこに清原よりも計算ができる状態だったロベルト・ペタジーニを併用するなど、移籍選手や外国人選手を低く評価する起用が目立った。

この2シーズンの巨人の失敗が、移籍選手の補強や一発攻勢の派手な野球に対する嫌悪感を大きく拡大させたのではないだろうか。結果的に、日本人の美徳と相性が良い、スコアを着実に積み上げていくスタイルのスモールベースボールが過大評価された遠因になっていると考えられる。

## 11年ぶりにＢクラスへ転落した高橋由伸政権

また、近年では高橋由伸政権も内容・結果ともに芳《かんば》しくなかった。就任１年目の16年シーズンはオフにルイス・クルーズやギャレット・ジョーンズを獲得するなど、長打力不足解消の狙いが見えた。そしてシーズンに入ると、原第二次政権時の遺産を使いつつ、投の菅野・打の坂本が自己の殻《から》を破る形で主要個人タイトルを獲得する活躍を見せなんとかＡクラスには入ったが、ＣＳではファーストステージで敗退した。

さらに、翌シーズンは11年ぶりのＢクラス（４位）に終わってしまった。エースである菅野、マイルズ・マイコラス、田口麗斗《たぐちかずと》という強力な先発３本柱を揃えていたにもかかわらずである。菅野はＷＢＣの疲れを感じさせない投球を見せて、３試合連続完封勝利を含む、17勝５敗　防御率１．５９といったキャリアハイの成績を残し、最多勝・最優秀防御率の２冠を獲得。自身初の沢村賞に輝いた。しかしチーム全体は球団史上最長の13連敗を喫するなど、ここ一番の勝負弱さや選手の離脱・不調が目立ち、07年から続いたＣＳの出場すら逃した。

この年の低迷の一因に、中継ぎ陣の起用法の迷走があったように思う。スコット・マシソン、アルキメデス・カミネロを中心に回していく形となっていたが、新加入した山口俊が途中離脱したことは間違いなく誤算だった。同じく新加入の森福允彦《もりふくまさひこ》も左のセットアッパーとして期待されたが、左打者に攻略されるなど精彩を欠く結果に終わった。さらには15・16年にクローザーを務めた澤村拓一も怪我によりシーズン通して登板がなく、救援陣が手薄になった。その結果、当時ルーキーだった池田駿《いけだしゅん》を先発と中継ぎで一貫性のない起用をし、使い潰す結果になってしまったのは否めない。また、この年の野手陣は高齢化が目立ち、セカンドにケーシー・マギーを起用するなどしてエンジンをかけたが、阿部などは９月に調子が下降した。ちなみにこの９月に、二軍で調子を上げていた岡本和真が打率・３５５　３本塁打18打点の成績でイースタン・リーグの月間ＭＶＰに輝いたが、一軍に呼ばれることはなかった。岡本は翌年に才能が開花したわけだが、この時点で一軍に帯同させなかったことはいまだに不可解である。

## 典型的な弱いチームに成り下がった2年間

18年も低迷は続き、3位でAクラスにこそ入ったものの勝率は5割を切った。若手で台頭し始めた吉川尚輝《よしかわなおき》を2番打者で起用した点や、打力のある大城卓三《おおしろたくみ》の起用が少なかった点、小林誠司《こばやしせいじ》に依存した点など、総じてバランスが良くなかった。

投手起用でも、開幕から調子の良かった澤村が便利屋のように起用されて案の定調子が下がり、苦しいブルペン事情になった。この年のブルペン陣は宮國椋丞《みやぐにりょうすけ》や田原誠次《たはらせいじ》といった中堅の調子が良かったにもかかわらず、点差が開いた試合でさえ澤村やマシソンといった勝ちパターン級の投手を登板させており、全体的に投手陣の運用力やマネジメント力に欠けていた。メジャーから復帰した上原の起用法にしても、球速やタイプを考慮し、澤村やマシソンら本格派の間に配置させるなどすれば、打者からしても緩急がついて違う結果になっていた可能性がある。

この年は上位の広島などに勝利をする時は大差で勝ち、接戦試合では敗戦するという、典型的な弱いチームの戦いだったと言えよう。「接戦だったから仕方ない」とか「追い上げたから惜しかった」ではなく、大差でしか勝てなくて接戦を拾えないのが弱いチームの典型である。リーグ優勝や日本一になる強いチームには、1点差のリードを逃げ切る力や、僅差《きんさ》のビハインドをひっくり返す力がある。

高橋由伸政権の3年間をまとめると、原第二次政権の遺産があった1年目は接戦をなんとかものにしていたが、2年目からは接戦に弱いチームに変わってしまった。阿部の後釜や(今後出てくるであろう)坂本の後釜と同様、原氏の後釜にはハードルの高さや大きなプレッシャーがあったことは間違いないし、専任監督としての経験のなさも露呈した。

結果だけではなく、起用法にオプション、バリエーションが少ないことも気になった。クルーズを獲得した時も、三塁手としてほぼ起用しない状態で開幕を迎えたり、大城が加入した時も一塁手や両翼手を試すことなくシーズンが終わったり、いずれも宝の持ち腐れとなった印象である。「置きにいく」慎重さが顕著で、コーチなどを専業で務めずに監督となったことのデメリットが浮き彫りになったと言える。

## 「生え抜き至上主義」の座を奪いかけた星野仙一

巨人の監督は「生え抜き至上主義」で知られるが、その座にのし上がりかけた（結局はなれなかったが）他球団出身の候補者が何人かいる。そのうちの一人が、星野《ほしの》仙一《せんいち》氏である。星野氏と言えば中日や阪神で「打倒巨人」を前面に押し出すスタイルを見せてきたが、堀内監督時代の低迷期に後釜として、あるいは北京五輪で金メダルを獲得したら監督に、などの噂は出ていた。

ただ、星野氏の特徴である「鉄拳制裁」や「温情采配」は、巨人には合わないカラーだっただろう。巨人と同等の戦力を整えた阪神時代にリーグ優勝を成し遂げたが、日本シリーズや北京五輪で勝負弱さを露呈した時の原因は星野氏特有の「温情」にあると思わずにはいられない。北京五輪ではパ・リーグの実力のある選手を選出せずに、思い入れのある中日や阪神を中心としたセ・リーグの選手を選出し、メダルなしに終わった。13年に楽天を日本一に導いた時は監督キャリアの中で最もバランスの取れた采配をしていたが、この時は原体制が盤石だったためオファーはなかったのだろう。

星野氏のような指導方法や采配は、00年代序盤までならついてくる選手がいたと思われる。だが、09年ＷＢＣの監督候補として名前が挙がった際に、イチローや松坂《まつざか》大輔《だいすけ》から「北京のリベンジの場にはしたくない（してほしくない）」とコメントされた通り、代表監督としての重要事項である、主軸選手から慕われる求心力には疑問符が付いた。星野氏は選手に比較的高圧的に接し「大舞台だからこそ俺についてこい」というタイプだが、巨人軍の監督経験者かつＷＢＣの代表監督を務めた王氏と原氏は、自身は黒子《くろこ》になり選手をモチベートするために「大舞台だからこそ好きなようにやれ」というタイプだ。この違いが、代表クラスの選手から見た「やりやすさ」や、ついていくか否かの差を生じさせているのではないだろうか。

また、王氏と原氏はＷＢＣの大会を通し、それぞれ不調だった福留孝介《ふくどめこうすけ》やイチローを我慢して「信頼」「信用」ゆえに起用し続けた上で結果を残させたが、北京五輪で星野氏が岩瀬《いわせ》仁紀《ひとき》の起用に固執《こしつ》したのは「温情」にしか過ぎなかったと言える。言いがかりに聞こえてしまうかもしれないので少し詳しく解説すると、岩瀬に関しては、勝敗を左右する場面で複数回チャンスを与えてチームの全5敗中3敗を喫した。これだけゲームを左右してしまっているのは、さすがにやりすぎだ。ちなみに、当時北京五輪を見ていた野村克也《のむらかつや》氏も「岩瀬は今年良くないよ。オープン戦から見てたけど、スピードなかったし」と分析している。さらに言えば、自身が指揮をとりＧＭとしても携わっていた中日と阪神の選手を7人（合計24人中）選出するなど、偏《かたよ》りが見られたのも事実だ（岩瀬もそのうちの一人である）。比較すると、王氏はソフトバンクから5人（巨人も含めると6人）、原氏は巨人から5人の選出（どちらも合計27人中）となっている。

また、横浜ＤｅＮＡベイスターズの監督を務めた中《なか》畑《はた》清《きよし》氏は巨人ＯＢでもあるが、特に声がかからない。同氏は良くも悪くも「根性論」が強く、明るいキャラクターやモチベーターとしての要素はそれなりに評価されていたと言われがちだが、多少のミスや本人が気に入らないプレーがあれば、すぐ懲罰で途中交代や二軍降格をさせるなどしていた。さらに、細かな采配面を見ても投手陣を消耗させて、夏場から後半戦の失速が目立った。巨人への対抗意識を燃やしすぎたことも采配ミスの一因だろう。

彼の監督業の実績は、野手陣をある程度育てたことや、球団の集客のブランディングを上手くできたことぐらいだろう。また、巨人では93・94年に打撃コーチや一塁ベースコーチとして在籍していたが、打撃コーチを務めながら12球団最下位のチーム打率に終わった点も、巨人の監督になれなかった要因ではないかと邪推する。

# 第3章——対セ・リーグの争い

本章では21世紀に繰り広げられたセ・リーグ各球団との熾烈《しれつ》な優勝争いを振り返りながら、その時々の巨人に欠けていたもの、あるいは相手を上回っていたものを考察する。

## 球界を先駆けるパイオニア

巨人はプロ野球の歴史の中で伝統や独自の文化が強いだけでなく、制度面においても大きな影響を与えている。ソフトバンクの千《せん》賀《が》滉《こう》大《だい》らの活躍から話題になった「育成制度」はその一つだ。08年に新人王に輝き、日本を代表とする中継ぎとしてキャリアを積んだ山口鉄也は育成出身者のパイオニア的な存在だ。続く09年も松本哲也がゴールデングラブ賞と新人王を同時受賞し、「育成枠」のブランド価値も高まったのではないだろうか。

育成枠には年齢制限があるわけでもないので、巨人はベテランの域に達した30代の選手も枠内に置く場合がある。例えば脇《わき》谷《や》亮《りよう》太《た》はかつて主力級の働きを見せていたが、故障により長期リハビリが必要となり、育成契約を結んだことがある。そういう意味では、メジャーリーグにおけるマイナー契約や故障者リストのように使われている面もあった。

有名選手の移籍に使われるＦＡも、巨人が広げていった制度の一つだ。巨人は同制度を利用しての加入が他球団よりもはるかに多く、野手なら落合博満や清原和博、広澤克実《ひろさわかつみ》、江藤智といった球界を代表するスラッガーを、投手なら工藤公康《くどうきみやす》や豊田清《とよだきよし》、杉内俊哉、山口俊といった球界屈指のエースやクローザーを補強してきた。ストーブリーグでも巨人は、ファンもアンチも含めて球界を盛り上げる存在と言える。個人的には、これからもなりふり構わない動きで野球界を沸かせてほしいと願っている。

ただ現在は、ソフトバンクをはじめとした金満球団が他にも現れたことや、選手全体のメジャー志向の強さもあって、巨人へ移籍する大物選手は減少傾向である。20年オフは山田哲人や西川遥輝《にしかわはるき》といった選手を獲得できずにいた中、梶谷隆幸《かじたにたかゆき》と井納翔一《いのうしょういち》を獲得した。また、この2選手より以前にＦＡを利用して入団した26人中20人はその後優勝していることから、優勝を経験したいという思いも移籍先に選ばれる一因となっているのではないだろうか。

## セ・リーグ各球団から見た巨人軍

セ・リーグ各球団から見た巨人の姿は、憎きライバルであり対抗心を剥《む》き出しにさせる存在だろう。21世紀のセ・リーグは各球団にＡクラスの経験があり、ＣＳの導入後も全球団が出場している。

00年代のセ・リーグは、巨人-上原、中日-川上、阪神-井川、横浜-三浦、広島-黒田、ヤクルト-石川という風に、各チームに確立されたエースがいた。00年代後半は巨人・中日・阪神の三《み》つ巴《どもえ》時代だったが、10年代は各球団がＣＳに進出。さらには日本シリーズも経験するなど、戦力差は縮まったと思われる。ＣＳ導入によって、00年代前半までに見られた「巨人包囲網」のように、巨人相手にあからさまにエース級をぶつける戦略はなくなった。シーズン中盤からは優勝争いよりもＣＳ出場を目標にシフトチェンジする球団が増えたからだろう。第1章で述べた、ＣＳがなくなった20年のシーズンの意識や戦い方に差が出た原因でもある。

21世紀を通じた各球団との対決を簡単に振り返ってみる。やはりまずは、阪神タイガースからだろう。阪神とは、21世紀で6度（02年、03年、07年、08年、10年、13年）の優勝争いをしている。松井秀喜が抜けた03年から07年まで阪神は巨人との直接対決を（五分の06年を除き）勝ち越していたが、08年の「メークレジェンド」で形勢が逆転した。巨人を圧倒していた時期は金本《かねもと》知憲《ともあき》の加入・活躍や、ジェフ・ウィリアムス、藤川《ふじかわ》球児《きゅうじ》、久保田《くぼた》智之《ともゆき》からなる「ＪＦＫ」の安定などが大きかった。

次に、中日も同じく6度（04年、07年、08年、09年、10年、12年）の優勝争いをしている。うち5シーズンが落合政権で、球場が広く長打が比較的出にくいナゴヤドームの特性を活かした守り勝つ野球が特徴で、巨人は「打高」のシーズンにはまんまと中日のディフェンス力にハマり優勝を逃していた。さらに、ディフェンス力と上手くバランスが取れていた打線も驚異だった。特にタイロン・ウッズには、巨人ファンからすればトラウマと言ってもいいほど重要な場面で打たれ続けた。原氏も落合氏の采配やシーズン全体のマネジメント力はかなり意識していたように思う。

同じ東京に本拠地を置くヤクルトとは3度（01年、02年、15年）、優勝争いを繰り広げた。21世紀初頭は古田敦也《ふるたあつや》やロベルト・ペタジーニ、岩村明憲《いわむらあきのり》、アレックス・ラミレスを中心とした野手陣が揃っており、01年は巨人と1勝差での優勝。まさにデッドヒートだった。巨人は、野手陣は松井秀喜や清原和博など個人タイトル争いをしていた選手が活躍を見せていたが、前年は良かった投手陣が軒並み調子を落とし崩れていった。

時を経て15年、真中満《まなかみつる》監督の就任1年目。2番に川端慎吾《かわばたしんご》を配置する効率的な打順で、山田哲人を中心に打撃タイトルホルダーを揃えたヤクルト打線に巨人は力負けする形で優勝を逃した。ちなみに92年と01年、15年といずれもヤクルトとの優勝争いに敗れたシーズンに、藤田元司《ふじたもとし》氏と長嶋茂雄氏は監督を勇退、原氏は辞任している。

広島とは10年代に３度（14年、16年、18年）優勝争いをした。14年はチーム全体がシーズン序盤から調子が良く、16〜18年の３連覇の土台ができ上がったシーズンと言ってよいだろう。特に、丸佳浩や菊池涼介《きくちりょうすけ》はこのシーズンで一気に飛躍し中心選手となった。しかし、若手選手が中心だったためシーズンを戦い抜く力や優勝争いのプレッシャーをはねのける力は巨人が上回り、広島は最終的に優勝を逃した。

ただその後、16〜18年の３連覇したチームは圧倒的だった。対巨人戦は３シーズンともに勝ち越し、16年は目の前で優勝を果たしている。このシーズンは若手とベテランのバランスが物凄く良かった。15年シーズンに復帰した黒田博樹《くろだひろき》や新井貴浩《あらいたかひろ》のベテラン勢と「キクマル」こと菊池＆丸、さらには台頭してきていた鈴木誠也、田中広輔《たなかこうすけ》などが揃うバランスはピカイチであった。また、「カープ女子」と呼ばれるファン層もこの時期話題となっており、メディアの後押しもあった。巨人もこの年は、優勝争いの試合で守護神の澤村やマシソンが打たれたり、エースの菅野でも勝てない試合があり、完全に力負けしていた。18年は、チームの顔でありシーズンＭＶＰの丸が巨人戦で相性の良さを発揮して圧倒的な力を見せつけた。３連覇期の広島は21世紀を通して見てもとりわけ「強さ」を感じられるチームで、特に足掛かりとなった16年は黒田を優勝させるために、若手や中堅の主軸が一致団結していた印象だ。丸佳浩、菊池涼介、田中広輔、鈴木誠也という中軸の成長や、西川《にしかわ》龍《りょう》馬《ま》ら次世代も育て上げる野手の育成力は、10年代では球界トップクラスだったと考える。

　横浜とは19年に優勝争いをし、それ以外にも17年にＣＳ争いをした。12年にＤｅＮＡが親会社となってからはデータ分析にも力を入れており、数値面から戦略を立てている傾向もある。ただ、優勝を争う中で勝ち慣れていないメンタリティから、ここ一番の試合で勝ち切れない場面が見られた。19年のシーズンで例えるなら、９月10日の試合だ。ＤｅＮＡの先発はエースの今永《いまなが》昇《しょう》太《た》で、巨人は看板とは言えないライアン・クックだった。その中で巨人は上手く逆転で勝ちを拾い、優勝に大きく前進した。言葉は悪いが、戦前から不利な状況はシーズンにおいて何度かある。だからと言って試合開始から負けようと思って戦うわけではない巨人側の姿勢は、常勝軍団を彷彿させるものだった。こういう試合でなんとか勝つために戦略のバリエーションを増やすことも必要で、その１勝の価値は今後にも活かされるものであり、２、３勝分に値する。

　巨人は一時の停滞期を除き、21世紀においてもほとんどの年で優勝争いに絡んでいる。特に原巨人に関しては14シーズン中９シーズンでリーグ優勝しており、他球団も無意識のうちにネガティブな存在として考えすぎて失速するなど、自滅を誘発している節《ふし》もある。

## 中日と阪神の「二強」に割り込むための苦悩

04・05年、巨人が堀内恒夫政権の下で低迷にあえぐ中、セ・リーグでは中日と阪神が優勝争いのしのぎを削っていた。落合中日はエースの川上《かわかみ》憲伸《けんしん》に守護神の岩瀬仁紀、「アライバ」こと井端弘和と荒木《あらき》雅博《まさひろ》の二遊間に主軸の福留孝介、タイロン・ウッズ……。一方の岡田《おかだ》彰《あき》布《のぶ》監督率いる阪神はエースの井川慶《いがわけい》、救援の「ＪＦＫ」、主軸の金本知憲に今岡誠《いまおかまこと》……。どちらも他球団の脅威となる戦力であったと同時に、そのチーム作りを後の原第二次政権が参考にしている。例えば、ブルペン陣の中で能力が段違いに高い藤川に、最終回ではなくあえて8回を任せたやり方は後に自軍に活かしている。

原氏は監督復帰した05年のオフシーズン、李承燁《イスンヨプ》や豊田清、ジェレミー・パウエルを獲得。さらに、チームの若返りの意向や堀内氏との確執が取り沙汰《ざた》された清原和博や元木大介《もときだいすけ》、タフィー・ローズを放出するなど、積極的な改革が行われた。そうして迎えた06年シーズンは4月に貯金12を作るなど開幕ダッシュに成功したが、交流戦に入ると高橋由伸や阿部慎之助、

**落合博満（中日ドラゴンズ）監督成績**

| 年 | 順位 | 試合 | 勝利 | 敗戦 | 引分 | 勝率 | チーム打率 | チーム防御率 | 得点 | 失点 |
|---|---|---|---|---|---|---|---|---|---|---|
| 2004 | 1位 | 138 | 79 | 56 | 3 | .585 | .274 | 3.86 | 623 | 558 |
| 2005 | 2位 | 146 | 79 | 66 | 1 | .545 | .269 | 4.13 | 680 | 628 |
| 2006 | 1位 | 146 | 87 | 54 | 5 | .617 | .270 | 3.10 | 669 | 496 |
| 2007 | 2位 | 144 | 78 | 64 | 2 | .549 | .261 | 3.59 | 623 | 556 |
| 2008 | 3位 | 144 | 71 | 68 | 5 | .511 | .253 | 3.53 | 535 | 556 |
| 2009 | 2位 | 144 | 81 | 62 | 1 | .566 | .258 | 3.17 | 605 | 508 |
| 2010 | 1位 | 144 | 79 | 62 | 3 | .560 | .259 | 3.29 | 539 | 521 |
| 2011 | 1位 | 144 | 75 | 59 | 10 | .560 | .228 | 2.46 | 419 | 410 |
| 通算 | | 1150 | 629 | 491 | 30 | .562 | — | — | 4693 | 4233 |

**岡田彰布（阪神タイガース）監督成績**

| 年 | 順位 | 試合 | 勝利 | 敗戦 | 引分 | 勝率 | チーム打率 | チーム防御率 | 得点 | 失点 |
|---|---|---|---|---|---|---|---|---|---|---|
| 2004 | 4位 | 138 | 66 | 70 | 2 | .485 | .273 | 4.08 | 637 | 610 |
| 2005 | 1位 | 146 | 87 | 54 | 5 | .617 | .274 | 3.24 | 731 | 533 |
| 2006 | 2位 | 146 | 84 | 58 | 4 | .592 | .267 | 3.13 | 597 | 508 |
| 2007 | 3位 | 144 | 74 | 66 | 4 | .529 | .255 | 3.56 | 518 | 561 |
| 2008 | 2位 | 144 | 82 | 59 | 3 | .582 | .268 | 3.29 | 578 | 521 |
| 通算 | | 718 | 393 | 307 | 18 | .561 | — | — | 3061 | 2733 |

小久保裕紀らの主軸が怪我で離脱した影響もあり失速。その結果、6月に球団月間最多敗記録となる19敗を喫し、続く7月も14敗。8月には最下位に転落する日もあり、優勝争いから完全に脱落した。その後、チーム状態を建て直して最下位は免《まぬか》れたが、球団史上初の2年連続、なおかつ原氏の監督キャリアとしても唯一となるBクラス（4位）に終わった。

00年代中盤の巨人軍は、大型連敗の際に歯止めが効かない「粗さ」があった。勝つ試合は圧勝だが接戦には勝てない、典型的な弱いチームの戦い方だった。原氏はこのチーム状況を再建していく中で、一次政権時に見られた積極性だけでなく成熟した面も兼ね備えるようになり、「原イズム」が熟成されていくこととなる。

## 三つ巴の戦いを制すも慣れなかった短期決戦

　そして第二次原政権の2年目（07年）は、終盤まで巨人・中日・阪神のデッドヒートとなった。巨人は小笠原道大が加入し、内海哲也や高橋《たかはし》尚成《ひさのり》を中心に投手陣も好調なことから開幕からチーム状態が良く、4月から6月まで貯金を5つずつ重ね、6月終了時点で貯金15で2位と4ゲーム差の首位に立っていた。しかし、夏場から投手が打ち込まれる場面が増え、しかも小笠原が一時的に調子を落として得点力が低下した時期と重なったため7月を大きく負け越し、中日・阪神との三つ巴の戦いに巻き込まれていった。

　8・9月は3チーム譲らず、それぞれ首位に立った。特に、阪神は9月に桧山《ひやま》進次郎《しんじろう》が巨人の守護神・上原から勝ち越しホームランを放って勝利し、翌日は久保田・藤川の勝ちパターンで9連勝を飾る。さらに次の試合ではアンディー・シーツがサードゴロを打った際に李承燁の足を踏む行為をした際に監督の原辰徳氏が激怒し、一触即発のムードに。阪神はこの激闘でまたも上原を打ち崩し、3タテで10連勝を飾った。巨人はその後の甲子園での試合でも敗れ、一時は3位に転落。しかし、ここで食い下がらないのがこの年の原巨人だった。翌日の試合で内海が好投して阪神の勢いを止めると、逆に阪神はここから大型連敗して優勝争いから脱落した。

リーグ優勝は最終的に巨人と中日の一騎打ちになったが、直接対決の天王山1戦目はウッズの意表をつく盗塁や井端弘和の気迫の内野安打などで中日が勝利し、マジック7が点灯。次の試合もウッズが同点ホームランを放つが巨人は阿部や高橋由伸のホームランで突き放して勝利し、再度首位に入れ替わった。3戦目は初回に4点を許すが、李承燁が同点ホームランを放ち、最後は脇谷亮太が決勝ホームランで勝利。その勢いのまま02年以来のリーグ優勝を決めた。

ところが、ＣＳでは短期決戦への慣れの差もあって敗退してしまう。3位の阪神を下してきた中日は、04・06年と日本シリーズを通して直近3年間で2年の短期決戦の経験があっただけでなく、ファーストステージを通じてコンディションのピークを上手く持ってくることができた。

一方で巨人は02年以来初の短期決戦で経験不足。リーグ優勝を境目に緊張感のある実戦から離れただけでなく、主力の高橋由伸は満身創痍《まんしんそうい》であり、李承燁は調子のピークが過ぎていた。谷佳知と二岡智宏は調子が良かったものの、肝心の彼らの打順が離れているため、ホームランが出てもソロにしかならない。中日は巨人戦に強い主軸のウッズが初戦と3戦目にホームランを放ち、ウッズに打点がない試合でも荒木や井端が打点を生み出すなど、試合運びの巧《うま》さは雲泥《うんでい》の差であった。この敗戦が巨人軍をさらに強くする起爆剤となる。

## 2ゲーム差に3チームがもつれる大混戦

10年も07年と同様に、中日・阪神と熾烈な優勝争いを繰り広げた。巨人は長野久義が入団して打線に厚みが増したが、代わりに盤石だった投手陣が崩壊。セットアッパーだった山口鉄也が先発に転向したものの失敗に終わってシーズン途中から中継ぎに戻る誤算や、越智大《おちだい》裕《すけ》の勤続疲労、クルーンの衰えが顕著だった。先発陣では、内海が二桁勝利こそあげたが不調に終わり、グライシンガーやディッキー・ゴンザレスも打ち込まれる場面が多々あった。その中で、シーズンを通して高いパフォーマンスを残したのが久保裕也《くぼゆうや》だ。元々は器用貧乏なところのある投手だったが、球速が劇的に向上してフォークが活かされるようになり、キャリアハイの成績を残した。

阪神は新加入のマット・マートンが１番打者として２１４安打と打率・３４９を記録し、２番の平野恵一《ひらのけいいち》もキャリアハイの打率・３５０。驚異の１・２番を形成した。３番に座っていたチームの顔・鳥谷敬《とりたにたかし》はリーグトップの得点圏打率・３６０、満塁打率・５００を記録するなど勝負強さを見せ、プロ野球史上で遊撃手としてはシーズン最多となる１０４打点を記録。４番新井、５番クレイグ・ブラゼルも１００打点を記録した。特にブラゼルは、ホームランの出にくかった甲子園が本拠地ながらも47本塁打を記録するなど、西武時代を超える成績を残した。新加入の城島健司も攻守にわたる活躍を見せて、打率・３０３ 28本 91打点と元メジャーリーガーの貫禄を見せた。ただ、エース能見篤史《のうみあつし》の離脱などもあり、巨人と同様に投手陣を整備し切れなかった。

この年、巨人と阪神を押しのけてリーグ優勝を果たしたのは中日だった。落合中日の真骨頂は、この年にも発揮された。シーズン序盤は貯金を作るのが精一杯で首位巨人とは８ゲーム差をつけられていたが、夏場からじりじりと追い上げ、９月には巨人・阪神を視界に捉えた。シーズン終盤の優勝争いにおける勝負強さは落合中日の特色でもある。最終的にホームのナゴヤドームでは51勝17敗の勝率7割5分という驚異的な強さを発揮した。

中日は打撃型の巨人と阪神とは真逆で、前年最多勝の吉見《よしみ》一起《かずき》と同じく前年最優秀防御率のチェン・ウェインを中心に先発ローテーションを形成し、勝ちパターンを髙橋《たかはし》聡文《あきふみ》、浅尾《あさお》拓也《たくや》、岩瀬仁紀で固めることに成功。その結果、打高のシーズンだった中でチーム防御率は1位となった。一方でチーム打率はリーグ5位で巨人・阪神ほどの力はなかったが、シーズンMVPに輝いた4番の和田《わだ》一浩《かずひろ》を中心に、要所で得点を積み重ねていった。最終的に2位阪神とは1ゲーム差、3位巨人とは2ゲーム差という大接戦で、10月までもつれるシーズンだった。

## 内野手出身監督に見る「大局観」

興味深いのは、00年代後半にセ・リーグを盛り上げた巨人の原監督、中日の落合監督、阪神の岡田監督が共通して野手出身であることだ。しかも、3人とも現役時代には一つのポジションではなく複数のポジションを守りながらキャリアを形成している。私見だが、この経験で視野が広くなり監督としての大局観にも繋がっているように思う。戦力面の充実はもちろんだが、この３球団が00年代後半のセ・リーグで頭一つ抜けた戦いをした背景にはそれもあるだろう。90年以降のセ・リーグ優勝チームを率いた監督のポジションを見ても、26シーズン中15シーズンは内野手出身者である。

さらに、18・19年とリーグ２連覇を達成した西武の辻《つじ》発彦《はつひこ》監督も内野手出身である。代表監督だった小久保裕紀氏も、プロ入り当初は二塁手を守りつつ、三塁手や一塁手を経験した。17年のＷＢＣ大会直前まで柔軟性のある采配で成長していったことも不思議ではない。

## 長年の「天敵」だった落合中日

ここまで見てきてわかるように、00年代中盤から10年代前半まで、巨人にとっての「天敵」はなんと言っても落合博満氏が率いる中日だった。就任８年間で５度日本シリーズに出ており（うち１回はシーズン２位でＣＳを勝利）、かつこの間一度もＢクラスに落ちていない。ナゴヤドームの特徴を活かすための、投手陣を中心としたディフェンス力のあるチームで黄金期を築いた。

この期間、クローザーは岩瀬仁紀が担い、その前を投げるセットアッパーも浅尾拓也が大車輪の活躍で、11年にはシーズンMVPに輝いた。エースの系譜も川上憲伸から吉見一起へとスムーズに渡り、その他も山本昌《やまもとまさ》やチェン・ウェイン、さらには中田賢一《なかたけんいち》、朝倉健太《あさくらけんた》のようにイニングイーターでありながら二桁勝利を期待できる投手や、確変的に調子が良い投手を回していき、理想的な先発陣を形成できていた。05年を除きチーム防御率2〜3点台を記録するなど、投手力を中心とする野球が徹底された。

守備も正捕手の谷繁元信《たにしげもとのぶ》に「アライバ」こと荒木雅博と井端弘和の二遊間を中心としたセンターラインは鉄壁だった。アライバは打撃でも1・2番を務め、3番福留孝介、4番タイロン・ウッズとの並びはバランスの良さもピカイチだった。ウッズは巨人戦に非常に強く、巨人からすれば打たれたくない場面でほとんどホームランを打たれていた印象だ。その後、福留やウッズが移籍、退団した後も、森野将彦《もりのまさひこ》を3番に置き、4番に和田一浩《わだかずひろ》を置くオーダーに切り替えられる臨機応変ぶりだった。和田も天性的な打撃センスを誇り、10年のシーズンは幾度なくチームを救う活躍を見せた。

そして、落合氏自身の采配力を忘れてはならない。シーズンをトータルとして見る「大局観」を持った采配からの、夏場以降の勝負強さは他球団には脅威だった。特に、監督としてのラストシーズンとなった11年に大逆転されたヤクルトは、まさにそうした落合中日の底力を過剰に意識しすぎたように思われる。

ポストシーズンでも、対巨人は必ず初戦に勝利する強さがあった。07年には予告先発がない状況で山井《やまい》大介《だいすけ》や朝倉などの先発が予想されていた中、小笠原《おがさわら》孝《たかし》が先発して相手の出鼻を挫《くじ》き、そのまま日本シリーズに進出して日本一に輝いた。このように、使える制度やルールを満遍なく上手に活用する面もあり、監督としてのバランス感覚には抜けたものがあった。

## リーグ3連覇の広島に手も足も出なかった3年間

00年代の天敵が中日だとすれば、10年代は広島がそれにあたるだろう。16〜18年の広島東洋カープはセ・リーグを牛耳《ぎゅうじ》っていた。15年は前田《まえだ》健太《けんた》、クリス・ジョンソン、黒田博樹の3本柱を揃え、この年日本一になったソフトバンクに交流戦で勝ち越したにもかかわらずBクラスに終わったが、翌年以降は打力も向上し一気にトップの座へと駆け上った。16〜18年の間は得点力でリーグトップを誇っただけでなく、巨人の主力先発投手だったマイコラスを難なく打ち崩せたのは広島だけであり、レベルがワンランク違った。機動力や単打というスピードを意識させながら、長打のパワーで仕留める攻撃は非常に効果的で、セ・リーグの他球団を圧倒していた。

16年はエースの前田がメジャー移籍で抜けた影響が心配されたが、この年が結果的に現役最終年となった黒田を勝たせるためにチーム全体の士気が高く、リーグ優勝に向かって一体となっていた。野村祐輔《のむらゆうすけ》が最多勝を獲得する活躍を見せ、ジョンソン、黒田、野村の新3本柱が確立。ブルペン陣もクローザーの中﨑翔《なかざきしょう》太《た》を中心にジェイ・ジャクソン、今村猛《いまむらたける》、ブレイディン・ヘーゲンズと充分な枚数を軸に回した。打線も1〜6番が二桁本塁打を記録した上に7番までOPSが.700を超える打撃力だった。上位打線を長年担っていた「キクマル」こと菊池涼介と丸佳浩は安定した成績を残し、MVPに輝いた新井貴浩や長打力と馬力のあるブラッド・エルドレッドの活躍、鈴木誠也の台頭に下位打線も安部友裕《あべともひろ》や松山竜《まつやまりゅう》平《へい》が3割近い打率を残すなど、マエケンの穴を完全に埋めた。

このシーズンの広島を象徴する試合が、2位巨人と4・5ゲーム差で迎えた8月7日の天王山だろう。9回2死から菊池のホームランで追いつき、新井のサヨナラタイムリーで逆転勝ち。この試合から連敗なし、なおかつマジック点灯からは12勝2敗という圧倒的な強さでリーグを制した。このサヨナラ勝ちこそが3連覇の序章だったと言っても過言ではない。

続く17年も、野村と大瀬良大地《おおせらだいち》の活躍はもちろんのこと、岡田明丈《おかだあきたけ》と薮田和樹《やぶたかずき》の台頭が目立った。ブルペン陣は中﨑や今村、ジャクソンらの実績組に加えて一岡竜司《いちおかりゅうじ》や中田廉《なかたれん》の活躍により、前年よりも分厚くなり、黒田の引退やジョンソンの出遅れをカバーした。打線は新井が衰えを見せ始めたものの、コアである田中、菊池、丸、鈴木が確固たる存在となり他球団を圧倒した。鈴木の後ろに座っていた松山もいい味を出しており、後続のエルドレッドや安部友裕を活かすことのできる打線だった。現在は主軸となっている西川龍馬にもチャンスを与えながら、チーム打率と本塁打で前年を超える数字を残し、この年も圧倒的な強さで優勝した。

18年は、計算できる先発陣が大瀬良とジョンソンのみになったり、田中と菊池が不調だったものの、この年に２年連続でＭＶＰに輝いた丸と若き主砲・鈴木には安定感があり、クローザーの中﨑や新加入のヘロニモ・フランスアを中心としたリリーフ陣で勝ち星を積み重ねた。打線は最終的に２年連続で７００得点以上を生み出す破壊力で、この年も他球団を圧倒した。安部が不調に陥った際には西川を育てながら勝利を拾ったところは、今後のリターンも考えられる起用法だった。この３連覇期を概観すると、３年連続で40回以上という逆転勝利の多さが目立つ。それだけの打力があったからこそ、相手チームには試合終盤までプレッシャーをかけ続けることが可能だった。

なお、この3シーズンで巨人は広島に対し次のような対戦成績であった。

**16年　12勝13敗**
**17年　7勝18敗**
**18年　7勝17敗1分**

16年は優勝争いをしていたこともあり競っていたが、その後はこれだけ広島に勝ち星を与えており、優勝に貢献してしまっている。高橋由伸監督時代の話で触れた通り、この3シーズンは接戦にとても弱く、広島戦でも勝つ時は大差ばかりだった。この時の悔しさがあったからこそ19年からの連覇に繋がっている、と言うこともできるかもしれない。

## 02年：松井と上原を投打の軸に球界を圧倒

**シーズン成績　86勝52敗2分　勝率．623**
**日本シリーズ　4勝0敗**

ここからは逆に、巨人がセの他球団を抑えリーグを制した年を振り返ってみる。

02年シーズンの巨人には、圧倒性とタレント性が兼ね備えられていた。NPB最終年だった松井秀喜はキャリアハイかつ12球団トップクラスの成績を残した。その松井を柱として、高橋由伸や清水隆行、阿部慎之助といった若手〜中堅の選手たちもトップバッターやクリーンアップとして結果を出した。彼ら圧倒的な野手のコアがいる中で、斉藤宜之や鈴木《すずき》尚広《たかひろ》といった選手も見出されていった。

投手陣は、エースの上原浩治が２度目の沢村賞に輝く活躍を見せた。ベテランの桑田《くわた》真澄《ますみ》もこの年に復活を遂げて二桁勝利を記録し、さらには最優秀防御率に輝くなどローテーションの一角を担った。また高橋尚成はキャリア初の二桁勝利。日本シリーズではシーズンで90勝を記録した西武を初戦から圧倒し、４連勝で日本一に輝いた。

## 08年：「メークレジェンド」完結

**シーズン成績 84勝57敗３分 勝率.596**

## CS第2ステージ 3勝1敗1分け　日本シリーズ 3勝4敗

08年は首位を走っていた阪神と最大13ゲーム差をつけられ、7月22日時点でマジック点灯も許していた中での逆転優勝。かつて長嶋監督が言った「メークドラマ」以上の逆転劇から「メークレジェンド」と称されたシーズンだ。

シーズンの始まりは、開幕カード3連敗を含む球団ワーストの開幕5連敗。開幕10試合時点で2勝7敗1分という最悪のスタートで、単独最下位の時期もあった。前年MVPに輝いた小笠原道大や4番に座っていた李承燁、高橋由伸、谷佳知らチームを前年優勝に導いた主軸が軒並み不調や怪我の状況に。原監督は二軍の若手や中堅選手にもチャンスを与える施策を繰り返し、5〜7月で一軍に上がった選手は34人にもなった。その結果、当時は2連戦形式だった原政権お得意の交流戦の時期から、徐々に本来の調子を取り戻し始めた。その間に山口鉄也や越智大祐をはじめとした若手中継ぎ陣の台頭があり、抑えのマーク・クルーンまでの繋ぎ役も確立されていった。野手陣は、開幕当初とはうって変わり1番鈴木尚広、2番木村拓也《きむらたくや》のコンビとなり、3番に座る小笠原も夏場から復活を遂げ4番アレックス・ラミレスとの「オガラミ」も再び確立された。

その後、北京五輪が開催された8月を分岐点に阪神との勢いが逆転し始める。巨人からは上原浩治と阿部慎之助、李承燁（韓国代表）が、阪神からは藤川球児、矢野《やの》燿大《あきひろ》、新井貴浩が選出された。五輪期間中に巨人は五分で乗り切ったが、阪神は勢いが落ち始めていった。さらに、ここまで不調だった上原と李が北京五輪を機に復調し、シーズン後半は大車輪の活躍を見せた。逆に阪神は新井が怪我で離脱し、藤川が不在の間に酷使されていた久保田智之やジェフ・ウィリアムスの勤続疲労が顕著に見られていた。そして、１４１試合目の直接対決で巨人が勝利してついに首位の座を奪取。そのまま逆転優勝を成し遂げた。

この08年から翌年の09年が、原采配の真骨頂《しんこっちょう》だったかもしれない。「育てながら勝つ」という、他球団にはなかなかできない領域を巨人軍で成し遂げた。このシーズンに台頭した坂本と山口はその後も長期間にわたって巨人軍を支え続けていくことになる。野手は小笠原、ラミレスを軸とする中で坂本や阿部を育て上げ、投手は内海、グライシンガー、クルーンが軸となり山口や越智といった若手を中心とした勝ちパターンを確立させたことで、今後数年間にわたる長期的なリターンが得られたと言える。

## 09年：主軸の「オガラミ」＆若武者の坂本、松本、亀井の融合

**シーズン成績 89勝46敗9分 勝率．659**
**CS第2ステージ 4勝1敗　日本シリーズ 4勝2敗**

08年に引き続き、09年も巨人と原辰徳の年だった。ＷＢＣの代表監督を務め日本代表を優勝に導いた原氏は、さらに肝《きも》がすわるようになった。「オガラミ」は成熟の域にあり、加えて5月頃からトップバッターに任命された坂本の打撃が一気に開眼し、高卒3年目の遊撃手ながら規定打席で打率3割を記録した。さらに、2番打者には育成出身の松本哲也が台頭し、広い守備範囲を活かして何度もチームのピンチを凌《しの》ぎ、ゴールデングラブ賞と新人王を獲得した。この年の1、2番はほとんどの試合で坂本と松本が組む形となり、ともに成長しながら、ポイントゲッターの「オガラミ」の打点やチームの得点力に大きく貢献した。ＷＢＣに代表選出された亀井善行もその「オガラミ」の後を打つ5番に座り、キャリアハイとなる25本塁打を含む好成績を残した。亀井などの台頭により、実力的に本来はクリーンアップを任

せられる打力があり、このシーズンのＯＰＳがリーグ1位だった阿部を7番に置けるほど、非常に水準の高い打線だった。さらに、亀井と阿部に挟まれていた6番の谷も、８・９月に調子を一気に上げていき（８月打率．３７５、９月打率．４５６）、優勝へのラストスパートに大きく貢献した。

投手陣も、勝ち頭《がしら》であり過去の実績から見ても絶対的なイニングイーターのグライシンガーが夏場に離脱したものの、入れ替わる形でディッキー・ゴンザレスが軸となり内海や高橋尚成、東野峻とともにローテーションを守った。さらに7回越智、8回山口鉄也、9回クルーンの盤石な勝ちパターンを確立し、豊田清も＋αで彼らを支えた。その結果、圧倒的な力の差でリーグ優勝と日本一を成し遂げた。

12年：長野、坂本、阿部の生え抜きコア形成

シーズン成績 86勝43敗15分 勝率．667

CSファイナルステージ 4勝3敗　日本シリーズ 4勝2敗

12年は、長野久義、坂本勇人、阿部慎之助という完成度の高い生え抜きコアが形成された。特に阿部は、統一球の影響で打低のシーズンだった中、シーズン捕手最高打率を塗り替える打率・３４０４にキャリアハイの１０４打点を記録。２冠王とシーズンＭＶＰに輝いた。

また、投手陣も内海哲也を中心に、澤村拓一や杉内俊哉、デニス・ホールトンの４人の先発投手が二桁勝利を挙げた。中継ぎ陣も新加入のスコット・マシソンと新守護神の西村健太《にしむらけんた》朗《ろう》の独り立ち、長年勝ちパターンとして活躍している山口鉄也を中心に盤石だった。山口は、98年の「大魔神」佐々木《ささき》主浩《かづひろ》以来となる開幕24試合連続無失点や史上初の5年連続60試合登板を記録するなどの大活躍で、最終的には防御率も1点を切り登板数・ホールド数・防御率でキャリアハイの成績を残した。その他にも、ルーキーの高木《たかぎ》京介《きょうすけ》が防御率０・５７と活躍したり、「火消し」向きに最適な福田《ふくだ》聡志《さとし》もキャリアハイの数字を残した。中日に10・5ゲーム差をつけて優勝し、ＣＳではその中日に3連敗で崖っぷちまで追い込まれたが3連勝で挽回。日本シリーズでは北海道日本ハムファイターズを倒し日本一となった。

### 13年：投打の層の厚さと進化した「スコット鉄太朗」

**シーズン成績 84勝53敗7分 勝率．613**
**CSファイナルステージ 4勝0敗　日本シリーズ 3勝4敗**

このシーズンの開幕前に開催されたＷＢＣでは、巨人から全球団最多の７人（内海、杉内、澤村、山口、阿部、坂本、長野）が日本代表に選出された。ＷＢＣの疲れは間違いなくあっただろうが、チームは開幕から隙のない野球で勝ち星を重ねていった。夏場までは坂本や阿部といった中心選手はもちろんのこと、元メジャーリーガーの新外国人ホセ・ロペスを下位打線に置けるほど、選手層の厚さはトップクラスだった。

一時は９番打者を経験した村田修一も交流戦の後半あたりから復活を遂げ、７月はキャリア初の月間打率４割を超える活躍を見せた。さらに８月はセ・リーグ記録となる月間46安打を記録し、２カ月連続の月間ＭＶＰに。シーズン終盤は４番に座るまで信頼を取り戻した。

ＷＢＣの影響もあり長野は開幕当初調子を落とし、坂本が苦手の夏場に調子が下降し、阿部は満身創痍だった。さらにはジョン・ボウカーやロペスに離脱期間があった中で、シーズン終盤の村田の活躍は著しいものであり、もしヤクルトのウラディミール・バレンティンがシーズン本塁打記録を更新していなかったらＭＶＰを受賞できるほどだった。

また、交流戦から一時的に1番打者として活躍を見せたのが中井《なかい》大介《だいすけ》だ。優勝争いの中で阪神との対戦カードでも能見から値千金のホームランを放つなどの活躍を見せた。この年の巨人軍は、主力が不調や怪我があった状況でも、それを一時的に埋める選手が活躍する場面が多々見られた。

投手陣は12年のブルペン陣を支えたマシソン、山口、西村の「スコット鉄太朗」がさらに盤石なものへ。開幕当初は先発ローテーションに入っていた澤村拓一も勝ちパターンに加わり、6回からは盤石な救援陣の体制が整備された。この年の巨人は6回までリードした際の勝率はなんと・952（60勝3敗）。先発陣もエースの内海を中心に、杉内やルーキーの菅野智之が二桁勝利を記録した。投打の圧倒的なバランスで2位阪神に12・5ゲーム差をつけて優勝したが、日本シリーズでは楽天に敗れてしまった。

敗因の一つは、日本シリーズまでのピークの持っていき方だろう。特に打線は、日本シリーズを通して3割打者が不在の状態だった。シーズンを通してブルペン陣が図抜けていたため、先制したりリードの展開になったら打撃面で流してしまうことがあったかもしれない。シーズンではそのような脱力が上手くハマったかもしれないが、日本シリーズに入る際の調整面に影響が出た可能性は少なからずあるだろう。さらに、チームの顔でもあった阿部は、シーズン終盤に帯状疱疹《たいじょうほうしん》を発症するなど満身創痍の状態。投手陣では杉内の乱調が誤算だった。杉内は屋外球場が苦手であり、ソフトバンク在籍時も仙台では数年間勝ち星なしのことがあったぐらいだ。打撃陣が不振の中、先発の勝ち頭が一人計算できない状態は、巨人からしたら非常に厳しかった。ただ、最後に力尽きたとはいえ、このシーズン24勝無敗のエース田中将大《たなかまさひろ》や東北復興の話題性などから勢いがあった楽天を最終戦まで追い詰めたのは、チームに確かな底力があったことを示している。

## 14年：数字だけでは見えない勝負強さが光る

**シーズン成績 82勝61敗1分 勝率．573**
**CSファイナルステージ 1勝4敗**

原政権2度目の3連覇を飾った14年は、12・13年とはうって変わり、貧打の中で勝ち星を積み重ねていった。チーム打率はリーグ5位、打率ランキングTOP10に巨人の選手は誰もおらず、規定打席に達した阿部、坂本、村田ら主軸は成績を落とした。チームトップの打率は長野の．２９７で、３割到達打者が不在のシーズンとなった。

しかし、最優秀防御率とセ・リーグＭＶＰに輝いた２年目の菅野を中心に防御率・失策数・与四死球・失点数はリーグ１位の成績で、守備範囲が広い新加入の片岡治大、坂本の二遊間や、ロペスや村田を中心としたトップクラスのディフェンス力を誇った。

さらに、ポイントとなる試合においては試合巧者ぶりをいかんなく発揮した。その象徴がリーグトップの盗塁数と得点圏打率である。チーム打率、犠飛数、四死球数は５位、併殺打数と犠打数はリーグワーストとなった中で、得点圏打率の高さから要所で得点し、僅差で逃げ切る試合が多いシーズンだった。

終盤や勝負所では、代打の切り札である高橋由伸や新加入の井端弘和を起用したり、２アウトからでもランナーが出た際は高確率でホームへ帰ってこられる代走の切り札である鈴木尚広を出して１点をもぎ取りにいった。14年の接戦試合の成績は次の通りである。

1点差の勝敗 23勝18敗 勝率．５６０
2点差の勝敗 19勝8敗 勝率．７０４
3点差の勝敗 13勝8敗 勝率．６１９

3点差以内の勝敗が21の勝ち越しで最終的な貯金も21。接戦に競り勝ったことが最終的な順位に大きく影響したとわかる。また、延長戦でも13勝を挙げており、競り合いに非常に強かったシーズンだったと言える。付け加えるなら、交流戦で投手は小山《こやま》雄輝《ゆうき》、野手は亀井善行が活躍して優勝を果たし、最下位に終わった広島と11位の阪神に差をつけられたことも非常に大きかった。亀井は打率．356　3本塁打　10打点、小山は交流戦優勝を決めたソフトバンク戦を含む3勝0敗防御率1．33の成績をそれぞれ交流戦で残し、大きく貢献した。

12・13年のような選手個々の力だけでなく、原監督の長年培ってきた試合運びの巧さや運用力、要所で勝ち切る「勝者のメンタリティ」が顕著に表れたシーズンだったと言える。

しかし、CSでは優勝争いの疲れや打線の火力不足、菅野がシーズン終盤の怪我により欠場した影響から阪神にストレートで敗れ、日本シリーズ進出を譲る形となった。

## 20年：何度も見られた「終盤力」の高さ

**シーズン成績 67勝45敗8分 勝率．598**

## 日本シリーズ０勝４敗

20年シーズンは新型コロナウイルスの影響により、開幕は6月19日に延期されて１２０試合制となった。また、セ・リーグではＣＳの制度も急遽撤廃された。これは万年優勝を義務づけられている巨人には有利に働き、シーズン序盤から王者が持つ「勝者のメンタリティ」で接戦をモノにしていった。特に、試合後半の要所で得点する「終盤力」の高さはずば抜けていた。

ブルペン陣もシーズン中盤から整備されていき、頭一つ抜けている大竹寛と中川皓太《なかがわこうた》を中心としたリリーフ陣で少ない点差を守り切る力もあった。シーズン序盤は坂本や丸といった主軸が不調、守備の要である小林や守護神のルビー・デラロサが怪我で離脱したが、チーム態勢を持ち直していく対応力の高さも見せた。

また、若手選手の躍動も見逃せない。近年期待されながらも怪我で離脱していた吉川尚輝は、シーズン後半から調子を上げていった。大城も、出場試合を重ねるごとに天性の打力はもちろんのこと、守備の能力も向上していった。彼らや他のスタメンの調子が悪い時期は、北村拓己《きたむらたくみ》や松原聖弥《まつばらせいや》らこれまた若手選手が穴を埋めた。北村に関しては短期的ではなく長期的な活躍が見込めるため、今後も継続して起用していくと面白い選手かもしれない。
ただ、チームのピークは９月中旬までだったように思う。例えばローテーションの軸としてシーズンを投げてきた菅野智之と戸《と》郷《ごう》翔征《しょうせい》は、９月以降に調子が明らかに下がった。菅野は開幕13連勝を飾り、９月も防御率こそ２点台だったが、明らかに開幕当初から夏場まで見せていたボールの強度はなく、結果的に抑えていても相手打者に芯で捉えられるシーンが目立った。そして10月は打ち込まれる場面も増えていき、月間で２敗を喫して防御率も３・２４となった。新型コロナウイルスの影響で調整が難しいシーズンだったが、その後の日本シリーズに向けてエースである菅野の状態が下降していったのは厳しかった。戸郷も月別の防御率が、９月は４点台であり、10月も３点台と持ち直したとはいえ、フルシーズン勤続した疲労が顕著に表れていた。

加えて、開幕から「終盤力」を支えてきた屈指のブルペン陣も、９月下旬の大竹寛の抹消からはじまり、10月上旬にも中川皓太が抹消された。この左右２枚は、ある程度他の枚数が揃った時点で「勝ちパターン」として独立させ、無理のない運用をしていく必要があった。中川と大竹が離脱したことによって高梨《たかなし》雄平《ゆうへい》や大《おお》江《え》竜聖《りゅうせい》といった投手に皺寄せが来て、彼らの負担も倍増。高梨は10月の月間防御率が４・３２で、大江も４・９１。数字を見ても調子が下降していたことは明白だ。

シーズン開幕当初から一貫して言ってきたのだが、その後の日本シリーズや翌シーズン以降のことを考えて、投手運用は絶対に見直すべき点であった。枚数が揃っていたのだから、4連投以上は禁止し、ごく稀《まれ》に見られた高梨を9回に回す形など、勝ちパターンを複数化するような工夫ができればよかったと考える。

## 原監督が貧打のチームを優勝させた年の共通項

原監督は14年や20年のように主力野手が不調で3割打者不在の状況でも、チームを優勝まで導いている。優勝を逃した第二次政権最終年の15年も、主軸の高齢化による貧打かつ中継ぎの勝ちパターンが解体された中、優勝したヤクルトを1・5ゲーム差まで追い詰めた。このように、苦しい状況の中でもチームを優勝または優勝争いまで持っていく手腕は、巨人の歴代監督の中でも卓越している。

こうしたシーズンに共通していることが、「終盤力」と接戦の強さである。終盤の強さはすなわち、質・量ともにブルペン陣が確立されていることを意味する。14年は、全盛期から落ち始めてはいたが「スコット鉄太朗」を中心に終盤を守り切る体制だった。続く15年も、ルーキーだった戸根《とね》千明《ちあき》や中継ぎに回った宮國椋丞などが機能し、勝ちパターンを解体した状態でもブルペンのコマ数は揃っていた。20年は中川皓太や大竹寛を中心に、勝ちパターンを数種類形成できるほどのバリエーションの豊富さが垣間見られた。

共通事項は他にもある。相手チームにプレッシャーを与える「代走の切り札」だ。原第二次政権では鈴木尚広が試合終盤に出場し、たとえ盗塁を仕掛けなくてもその名前、ブランドだけでプレッシャーを与える働きがあった。第三次政権では増田《ますだ》大輝《だいき》を代走の切り札で起用し、終盤に出場させて相手にプレッシャーを与えていった。また、こうした代走起用は機動力を中心にしたスモールベースボールと捉えられがちだが、チームの総合的な力量を引き出した試合展開に持ち込む「トータルベースボール」を展開する上での一つのオプションである。

さらに、14年と20年のシーズンに共通するのは、「ディフェンス力」である。14年は片岡と坂本の二遊間を中心とした守備が光り、失策数はリーグ1位の少なさだった。20年も、小林誠司の離脱こそあったものの吉川尚輝と坂本の二遊間を中心に12球団トップクラスのディフェンス力で無駄な失点を与えないチーム作りができていた。このディフェンス力によって、貧打の問題も深刻にならず、メンタル面においても投手陣に良い影響を与えたと考えられる。

プロ野球史上、ペナントレースにおけるチームの失策数は91年の西武と17年のソフトバンクの38失策がシーズン最少記録である。守備率でも17年のソフトバンクが・９９３で歴代１位、91年の西武が・９９２で歴代２位である。そして、２球団ともにこの年リーグ優勝と日本一に輝いている。西武は清原和博や秋山幸二、オレステス・デストラーデ、ソフトバンクは柳田悠岐や中村《なかむら》晃《あきら》、松田《まつだ》宣浩《のぶひろ》といったタレント性のある中軸が注目されがちだったが、固いディフェンス力からリズムを作り、勝ちを積み重ねていった側面は無視できない。91年の西武は、清原の不調などもあり規定打席到達選手で３割打者は不在ながらも、守備の堅さから勝ちを拾った。17年のソフトバンクは歴代１位の守備率を誇り、このシーズンから３年連続で日本一に輝いている。こうした過去のケースを見ても、ディフェンス力は非常に重要であり、貧打をカバーして優勝に近づくことができるとわかる。

## 異なる形での連覇

原第二次政権では２度の３連覇があったが、それぞれ連覇の仕方は異なっている。07～09

年の3連覇は、年を重ねるにつれてチームが強くなっていった。07年はCSで中日に敗れ、08年は劇的な逆転優勝からCSも勝ち上がったが、日本シリーズで力尽きて敗退。そして、09年は日本一のみならず、アジアシリーズも制した。補強と育成の両輪を機能させ、圧倒的な強さを見せつけるのが巨人軍の本来あるべき姿だ。

逆に、12～14年の3連覇は12年がピークだった。原監督がよくコメントしていた通り、良くも悪くも「阿部慎之助のチーム」としての3連覇だった。12年は阿部が圧倒的な成績を残して、交流戦優勝から始まりリーグ優勝・CS・日本一・アジアシリーズの5冠達成というこれ以上ない結果を残した。13年は、リーグこそぶっちぎりで制したものの、日本シリーズは頼りの阿部が疲労もあり絶不調に陥り、敗れた。そして14年は、12・13年と優勝に導いたメンバーの衰えが顕著だった。右肩上がりと右肩下がり、両極端な3連覇だったと言えよう。

# 第4章

# 巨人軍21世紀スター選手論

この章では投打にわたる巨人の様々なスター選手たちを紹介し、彼らがエースや主砲などと称されたゆえんを明らかにしていく。

## 巨人にこだわって他球団を拒否した男たち

巨人に入団した選手の中には、どうしてもと巨人にこだわり続けた上で入団した選手が何人かいる。江川卓はまさにその一人だった。甲子園を沸かせ、東京六大学野球で神宮も沸かせたスター選手の進路に国民が注目していた。江川は高校３年時、大学４年時と入団を辞退し、野球留学の道へ。そして３度目のドラフト会議で「空白の一日」が起きた後に阪神から巨人へ電撃移籍。このような入団経緯から世間の風当たりが強かった中、２年目に最多勝と最多奪三振のタイトルを獲得して実力を見せつけた。さらに３年目は最多勝・最多奪三振・最優秀防御率の投手３冠に輝き、沢村賞は確実と見られていた。しかし、当時は新聞記者による投票制度だったことや入団経緯のイメージが影響したこともあり、受賞を逃す形になった。選手としてのキャリアは短かったが、巨人以外は断固拒否して入団しただけの結果は残したのではないだろうか。

そして時は経ち21世紀、内海哲也も巨人軍にこだわった一人である。祖父の内海五十雄《いそお》が巨人の野手だったこともあり、高校３年時のドラフト会議では巨人以外からの指名は拒否することを公言し、オリックスに１位指名されたが辞退した。そして、社会人を経て04年に自由獲得枠で巨人軍に入団した。プロ３年目に二桁勝利を挙げて、４年目に初のタイトルとなる最多奪三振を獲得。その後は三振を取る投球スタイルを変えつつキャリアを積み上げ、８年目と９年目はエースとして２年連続最多勝を獲得した。９年目の12年は正捕手の阿部慎之助と最優秀バッテリー賞を獲得し、日本シリーズＭＶＰにも輝いた。

長野久義もまた、２度の指名を辞退した上で巨人入りした選手である。１年目から主軸として活躍し、入団当時は激戦区だった外野陣の中に割って入り、ルーキーながらもレギュラーに上り詰めて新人王を獲得した。統一球が導入された２年目は、各打者が低迷する打低のシーズンながらも、キャリア初の３割を達成して首位打者を獲得した。続く３年目も３割に到達し、優勝と日本一に大きく貢献した。

こちらは記憶にも新しいが、菅野智之は大学４年時のドラフト会議で日本ハムの１位指名を拒否した翌年、巨人に入団した。１年目からルーキーとは思えない投球術で二桁勝利を記録し、その後はチームのエースに、やがて球界を代表するエースへと進化を遂げていく。

巨人に入るために他球団の指名を断った選手は、そのポテンシャルもさることながら、相当な「覚悟」があったに違いない。その覚悟ゆえに常に高みを目指して、リーグ優勝や日本一に貢献する活躍を見せ、結果的に個人タイトルも獲得する。そうやって、実力でアンチを黙らせるキャリアを築いていったのだ。

## 松井秀喜：日本人最後の50本塁打を達成し、ヤンキースの４番に

21世紀最初の巨人軍４番打者は松井秀喜だった。ニューヨーク・ヤンキース移籍前の巨人時代晩年は打撃３部門上位に常に名前を並べており、パ・リーグのイチローとともに図抜けた存在だった。４番に固定された26歳（00年）のシーズンからは必ず打撃タイトルを獲得しており、３冠王に最も近い選手でもあった。オールスターでは松坂大輔から本塁打を放ち、日本人としては今のところ最後となるシーズン50号も記録している。速球派にも強く、日本人選手かつ生え抜きのスター性も含め、４番打者らしい打者だった。

松井は星稜高校時代に通算打率・４５０と本塁打60本を記録した。高校３年の夏の甲子園で５打席連続敬遠されたシーンはあまりにも有名である。プロ入り後のキャンプで早々に三

**松井秀喜成績（巨人在籍時）**

| 年 | 試合 | 打席 | 安打 | 本塁打 | 打点 | 盗塁 | 打率 | 出塁率 | 長打率 | OPS |
|---|---|---|---|---|---|---|---|---|---|---|
| 1993 | 57 | 203 | 41 | 11 | 27 | 1 | .223 | .296 | .451 | .747 |
| 1994 | 130 | 569 | 148 | 20 | 66 | 6 | .294 | .368 | .475 | .843 |
| 1995 | 131 | 569 | 142 | 22 | 80 | 9 | .283 | .363 | .481 | .844 |
| 1996 | 130 | 569 | 153 | 38 | 99 | 7 | .314 | .401 | .622 | 1.023 |
| 1997 | 135 | 596 | 144 | 37 | 103 | 9 | .298 | .419 | .564 | .984 |
| 1998 | 135 | 603 | 142 | 34 | 100 | 3 | .292 | .421 | .563 | .984 |
| 1999 | 135 | 573 | 143 | 42 | 95 | 0 | .304 | .416 | .631 | 1.047 |
| 2000 | 135 | 590 | 150 | 42 | 108 | 5 | .316 | .438 | .654 | 1.092 |
| 2001 | 140 | 611 | 160 | 36 | 104 | 3 | .333 | .463 | .617 | 1.081 |
| 2002 | 140 | 623 | 167 | 50 | 107 | 3 | .334 | .461 | .692 | 1.153 |
| 通算 | 1268 | 5506 | 1390 | 332 | 889 | 46 | .304 | .413 | .582 | .996 |

塁手から外野手に転向し、打撃練習でも積極的にアピールしていた。しかし、ヤクルトとのオープン戦で石《いし》井《い》一久《かずひさ》と対戦し手も足も出ず、プロの洗礼を受けた。その後もオープン戦に出場し続けたものの打率・094に終わり、全体ワーストの20三振。プロ1年目は開幕二軍でスタートした。ただ二軍では結果を残し始め、5月に一軍でスタメンデビューする。その試合で、NPBの歴史に名を残したヤクルトのクローザー高《たか》津《つ》臣《しん》吾《ご》からホームランを放ち、鮮烈な一軍デビューを果たした。夏場に二軍落ちするものの、最終的にはセ・リーグの高卒ルーキー新記録となる11本塁打を記録した。

　2年目は開幕戦からいきなり2ホーマーを記録し、4月の月間MVPを獲得。さらに初のオールスターゲームにも選出され、セ・リーグ史上最年少で4番に座った。弱冠20歳の若手がセ・リーグの4番に座る快挙で、これからの4番像を松井が更新していくことを予期させたとも言える。

3年目も22本塁打を放ち、この年からレギュラーシーズンで初の4番起用をされるように。自身初のベストナインにも輝いた。このオフ、苦手な内角球を克服するために、身体に当たりそうな極端な内角球を打つ練習を行い、翌年から成績が飛躍的に向上することとなった。後に、松井はこのシーズンオフが野球人生のターニングポイントだったと自著に記している。

すると翌年は、一気に成長した姿を見せて7・8月と2カ月連続で月間MVPを獲得。広島に最大11・5ゲーム差をつけられていた状況から大逆転優勝する「メークドラマ」に大きく貢献し、初のシーズンMVPを受賞した。この年に初の3割30本を達成して、球界を代表する打者へと格が上がった。

その後、90年代後半以降は毎シーズン30本塁打を超えるずば抜けた成績を残した。巨人在籍中の7年連続30本塁打は、王貞治の次に並ぶ歴代2位の記録である。特に00年から02年までの3シーズンは、打撃3部門のTOP3に必ず入り、タイトルも獲得。複数年にわたりこれほどまで圧倒的な成績を残した野手は、松井以来出てきていないと言える。

## 坂本勇人：「歴代最高遊撃手」へのキャリアを積み重ねる現巨人の象徴（初期〜中期）

先に断っておくと、坂本勇人は筆者の最も好きな選手であり、ルーキー時代から現在までずっとそのプレーを見続けている。したがって、他の選手よりはるかに長文の紹介になってしまっていることをお許し願いたい。

坂本もまた、ドラフト1位入団（堂《どの》上《うえ》直《なお》倫《みち》の外れ1位）の高卒選手である。ルーキーイヤーの07年に二軍で77試合に出場して打率．268 5本 28打点の成績を残し、一軍では9月、優勝争いさなかの中日戦でプロ初安打初打点となる決勝タイムリーを放ち、鮮烈なデビューを果たした。

2年目のシーズンは、松井秀喜以来となる10代での開幕スタメンを勝ち取っただけでなく、これまで遊撃手を務めていた二岡智宏からレギュラーを奪い、正遊撃手として一気にのし上がりリーグ優勝に貢献した。さらに、3年目には規定打席に到達した上で、高卒3年目以内では史上11人目となる3割を達成。初のベストナインを獲得するなど、リーグ優勝と日本一に大きく貢献した。続く4年目も1番打者として全試合フル出場して、高卒4年目以内では

**坂本勇人成績**

| 年 | 試合 | 打席 | 安打 | 本塁打 | 打点 | 盗塁 | 打率 | 出塁率 | 長打率 | OPS |
|---|---|---|---|---|---|---|---|---|---|---|
| 2007 | 4 | 3 | 1 | 0 | 2 | 1 | .333 | .333 | .333 | .667 |
| 2008 | 144 | 567 | 134 | 8 | 43 | 10 | .257 | .297 | .353 | .650 |
| 2009 | 141 | 640 | 178 | 18 | 62 | 5 | .306 | .357 | .466 | .823 |
| 2010 | 144 | 676 | 171 | 31 | 85 | 14 | .281 | .332 | .504 | .836 |
| 2011 | 144 | 624 | 149 | 16 | 59 | 8 | .262 | .313 | .401 | .714 |
| 2012 | 144 | 619 | 173 | 14 | 69 | 16 | .311 | .359 | .456 | .815 |
| 2013 | 144 | 620 | 147 | 12 | 54 | 24 | .265 | .334 | .394 | .728 |
| 2014 | 144 | 616 | 152 | 16 | 61 | 23 | .279 | .344 | .420 | .764 |
| 2015 | 130 | 558 | 129 | 12 | 68 | 10 | .269 | .353 | .401 | .754 |
| 2016 | 137 | 576 | 168 | 23 | 75 | 13 | .344 | .433 | .555 | .988 |
| 2017 | 142 | 614 | 157 | 15 | 61 | 14 | .291 | .372 | .430 | .802 |
| 2018 | 109 | 502 | 152 | 18 | 67 | 9 | .345 | .424 | .537 | .962 |
| 2019 | 143 | 639 | 173 | 40 | 94 | 5 | .312 | .396 | .575 | .971 |
| 2020 | 115 | 479 | 119 | 19 | 65 | 4 | .289 | .379 | .500 | .884 |
| 通算 | 1785 | 7733 | 2003 | 242 | 865 | 156 | .292 | .360 | .460 | .820 |

史上8人目となる30本塁打を達成した。5年目はリーグトップの得点圏打率を記録。6年目には最多安打を獲得し、日本シリーズでも打率・360を記録してプロ3年目の09年以来となる再びのリーグ優勝と日本一に貢献し、アジアシリーズでもMVPを獲得した。

このように、坂本はキャリア序盤から華々しい活躍を見せ、若手から中堅に差し掛かる頃には同世代だけではなく球界を代表するレベルの選手になっていた。ところが、プロ7〜9年目となる13〜15年は打撃面で苦しむ時期となった。

13年は第3回WBCの日本代表にも選出され、シーズン序盤は上々のスタートを切った。シーズン規定打席に到達した時点では打率３割を記録していたが、ＷＢＣに合わせた調整の早さなどが影響して、最終的な打率は．２６５に。優勝決定後は疲労の影響などからスタメン落ちも経験し、ポストシーズンでも不振に終わった。その後の14・15年も打率は３割を切り、物足りない結果となった。とはいえその中でも、14年は開幕戦で通算１００号と５月には史上２７７人目の１０００本安打、９月に１０００試合出場、10月に１００盗塁を達成している。

　この時期、打撃面はなかなか振るわなかった一方で守備力の向上が見られた。12年のシーズン前の自主トレで坂本は、当時ヤクルトに在籍していた宮本慎也《みやもとしんや》に弟子入り。この自主トレで確実性のある送球や正しい捕球の体勢、正確なスローイングなど守備の基礎を身につけていき、練習を重ねていった。さらに、14年にはこれもまた球界屈指の名手である井端弘和が中日から巨人に移籍し、スローイングの間の作り方などを助言されるなど、名手のプレーを間近で見ることやアドバイスをもらうことにより、守備のレベルは着実に向上していった。入団当初から光っていた広い守備範囲に加え、14年あたりからは堅実な捕球や正確性のあるスローイングも自分のモノにして、一般的に守備の確実性の高さとして参考にされるデータである守備率でも、15年は．９８２でセ・リーグ１位となった。17年には失策数がキャリア初の一桁を記録し、守備率・９８７でまたもセ・リーグ1位に輝いた。プレーをその眼で見てももちろんのことだが、数字の面から見ても、若手の頃に比べて捕球や送球の確実性がついたと言える。15年のプレミア12では、日本代表の遊撃手として最優秀守備選手を受賞した。このようなタイトルを受賞したことで選手としても「箔《はく》」がつき、一般的なファンからの印象も以前とは変わり、「守備も上手い遊撃手」のイメージになっていったのではないだろうか。

## 坂本勇人：「歴代最高遊撃手」へのキャリアを積み重ねる現巨人の象徴（中期〜現在）

打撃が良くも悪くも「まとまって」しまっていた坂本に転機が訪れたのは、おそらく15年に開催されたプレミア12だろう。このプレミア12では、ヤクルトの山田哲人やＤｅＮＡ（当時）の筒香嘉智《つつごうよしとも》からアドバイスを積極的にもらっていた。これによって打撃スタイルの幅が広がった上、16年のキャンプ時に松井秀喜からの指導で、軸足の重心が低く沈み込むようなフォームに改良し、低調だった打撃が一気に開眼。その結果、16年からはリーグのみならず球界でもトップクラスの打撃成績を残すようになった。これに関しては、坂本自身も「松井さんにお話ししていただいたことが、自分の打撃の中で、すごく大きく占めている」とコメントしている。

16年、キャリアハイとなる打率．３４４を記録してセ・リーグの遊撃手では史上初の首位打者を獲得。さらに、出塁率も．４３３を記録して最高出塁率に輝いた。守備では初のゴールデングラブ賞も獲得した。17年は自身2度目となるＷＢＣの日本代表に選出され、打率．４１７を記録。さらに、広島の菊池涼介と二遊間を組んで歴代の代表でもトップレベルの鉄壁のセンターラインを築き、ベスト４に大きく貢献した。シーズンはＷＢＣの疲れなどで３割を切ったものの、１５００安打達成や2年連続となるゴールデングラブ賞を獲得した。18年は、怪我で約1カ月の離脱があったものの、通算１５００試合出場を達成。さらに遊撃手としては史上初の2度目の打率．３４０以上（キャリアハイを更新する打率．３４５）を記録してベストナインを獲得した。続く19年は、40本塁打をはじめ打点・長打率もキャリアハイを更新。２番打者ながらも「パワーフォルム型」として、歴代の遊撃手の中でもトップクラスの活躍を見せた。

坂本の打撃スタイルを見てみると、19年のシーズンは自らの引き出しの手札を増やすような形で「バレル」を目指したことがうかがえる（「バレル」とは打球速度が98マイル〈約1

５８キロ〉以上なら26〜30度、１１６マイル〈約１８７キロ〉以上なら８〜50度の角度で飛び出した打球のことで、データ上長打になる確率が高い）。開幕からシーズン終盤まで再現性を高めた形で、パワーフォルム型のスタイルで長打を積極的に狙っていき、ＤｅＮＡのネフタリ・ソトとシーズン終盤まで本塁打王争いを繰り広げた。

16〜18年は坂本を３番に置かざるを得ないチーム状況だったが、18年オフに移籍してきた丸佳浩が３番打者として及第点の活躍を見せたことで19年は負担が大きく減った。キャリア通算２００本塁打達成や初となる２年連続の３割到達、セ・リーグ新記録となる開幕戦からの36試合連続出塁など数々の実績を残したが、なんと言っても素晴らしいのは球界史上初となる遊撃手としての３割40本塁打達成だろう。チームの５年ぶりのリーグ優勝に大きく貢献し、文句なしのセ・リーグＭＶＰに輝いた。また、打撃成績に隠れがちだが、自身としては14年以来のシーズンフル出場も果たし、キャプテン就任後初のリーグ優勝に大きく貢献をした。19年の活躍ぶりで坂本勇人という選手は遊撃手の括りを超え、歴代野手の中でもワンランク上の選手になれたと思われる。

20年は、史上最年少の２０００本安打達成者でもある榎本《えのもと》喜《き》八《はち》の記録（31歳７カ月での達成）を52年ぶりに更新する可能性も注目されていたが、新型コロナウイルスの影響で開幕延期となり、６月19日の開幕時点でほぼ不可能な状態となった。このシーズンは、大きな怪我などによる離脱はなかったが、キャンプでは２度インフルエンザに感染した上、開幕前に新型コロナウイルスの微陽性で調整不足となった影響もあり、シーズン開幕後の序盤３カ月は調整不足のため低迷し、最も厳しい時期は２割前半の打率を記録していた。８月末ぐらいから調子を上げていき、９月は打率．３３７　６本塁打　18打点　出塁率．４２４　長打率．６２８　ＯＰＳ１．０５２、10月も打率．３１２　１本塁打　14打点　出塁率．３５９　長打率．４１９　ＯＰＳ．７７９を記録。同じく不調だった丸佳浩や岡本和真とともに復調し始めて、チームを勢いづけた。そして、シーズン終盤に史上53人目であり、右打者としては史上最速の２０００本安打を達成した。今シーズンは調整不足の中、開幕当初からの不調があったものの、ここまで調子を上げていく底力は超一流そのものだったと言えよう。

## 坂本の打撃スタイルの変化と今後の課題

坂本の打撃スタイルとキャリアを振り返ると、19年に２番打者として活躍した背景には、プレミア12で日本代表の２番打者を経験したこともあると考えられる。この年のパワーフォルム型はもちろんのこと、16・18年のシーズンや17年ＷＢＣのようなバランサー型の打撃スタイルも可能で、ランナーを置いた場面や試合展開によっては意図的に右打ちをするなど、臨機応変に対応できる選手になった。

今後の課題は、苦手の夏場を乗り越えていくことと、打撃スタイルの変化からの確立である。若手の頃から夏場には弱く、毎年のように打撃の調子が下降する傾向が見られる。顕著な例は、規定打席到達時点で打率・３０３を記録していたが最終的な打率が・２６５にまで下がった13年だ。17年も７月は打率・３５２と調子が良かったものの、８月は打率・２２１と急下降し９、10月も打率・２０８となり、トータルでは３割を切る形となった。成績が下降する原因は、夏場のコンディション低下によって下半身に粘りがなくなることだろう。特にＷＢＣなどの国際大会出場による疲労は今後もありうるケースで、それを改善していくには19年のように、５・６月の段階で疲労等を含めコンディションを考慮した上で休ませることも不可欠だ。

この、疲労から来る調子やコンディション低下の持ち直しという課題は、20年のシーズンやプレミア12で克服しつつある場面も見られた。シーズン中は疲労から交流戦で不調に陥ったが、交流戦明けまでの移動日期間に調子を持ち直した。その後のＣＳから日本シリーズ、プレミア12の大会序盤でも疲労から調子は悪かったが、大会中の移動日や控えに回る試合があったことから、大会終盤はメキシコ戦や韓国戦で本来の打撃を見せることができた。このように、調子やコンディションを上手く整えることができれば今後のキャリアも変わっていくだろう。

また、脚力も衰え始めたので打撃重視のプレースタイルに変え、それを確立していくことも重要だ。主な原因としては年齢的な衰えもあるが、近年は怪我や故障も増えてきており、盗塁数は17年を最後に一桁にまで落ち着き始めている。このような状態のため、今後は遊撃手としてキャリアを積むことがなかなか難しいと思われる。仮に一塁手、外野手などにコンバートをされるなら、19年のような「バレル」を狙う長打力のある打撃スタイルを築き上げるのがベターだろう。坂本の凄さはなんと言ってもここ一番での「勝負強さ」であり、それは今後も健在に違いない。これまで14年のキャリアにおいて8シーズンで得点圏打率3割以上（規定打席に到達したシーズンのみ）を記録している。さらに、通算の得点圏打率でも3割に達しており、打撃にはまだまだ期待できる。坂本の実績やポテンシャルを考慮すると2000本安打はキャリアの通過点にしか過ぎず、3000本安打達成が期待される。21年以降のシーズンでは、年齢を重ねることによって、その都度自分に最も合う打撃スタイル（例えば、スタンスを狭くするなど）を更新していき、右打者で史上初の３０００本安打を達成してほしい。

### 名手・坂本がいつか遊撃手ではなくなる日

もちろん、坂本は守備面を含めても歴代トップクラスの遊撃手と言っていい。15年から20年の、守備指標を表すＵＺＲでは次の数値を示している。

> ＵＺＲ……Ultimate Zone Rating の略称。同じ守備機会を同じ守備位置の平均的な野手が守る場合に比べてどれだけ失点を防いだかを表す守備の評価指標。その守備位置の平均的な守備者のＵＺＲは０となり、優秀な守備者は＋10や＋20といった数値になる（デルタ調べ）。

15年　32・3（セ・パ両リーグ1位）
16年　15・1（セ・リーグ1位）

17年　10・6（セ・リーグ1位）
18年　10・0（セ・リーグ1位）
19年　−3・0（セ・リーグ4位）
20年　10・0（セ・リーグ2位）

さらに、守備得点（同ポジションの平均的な守備力を持つ選手と比べて、チームの失点を何点分多く防いだか）も、19年終了時点で歴代3位の157・3を記録している（1位は小《こ》坂《さか》誠《まこと》の221・7、2位は小《こ》池《いけ》兼《けん》司《じ》の174・3。参照：日本プロ野球RCAA & PitchingRun まとめ blog）。

一般的に守備の確実性の高さとして参考にされる守備率も15年は・982とセ・リーグ1位であり、17年は失策数がキャリア初の一桁になり・987でまたもセ・リーグ1位に輝いた。20年はキャリア史上最小の失策数4を記録し、守備率もキャリア最高の・991となっている。こうした数値にも伴い、15年のプレミア12で日本代表のセンターラインの一人として最優秀守備選手を受賞しただけでなく、16年と17年、19年、20年と4度のゴールデングラブ賞を獲得した。

坂本を含め遊撃手の名手はポジショニングを深めに守ることが多く、広い守備範囲や、難しい打球や体勢からのリカバリー能力に繋がっている。ちなみに、巨人でコーチを務めた井端も深めに守ることを推奨している。特に14・15年頃の中堅期の守備は素晴らしいパフォーマンスだったが、近年はその時期と比較すると、確実性は上がっているが動きは落ちてきているのがわかる。坂本自身若い頃から腰の痛みと戦っており、近年では足の故障も経験し、15～18年は離脱もあった。この先、日本代表する遊撃手として守備のパフォーマンスがどう変わっていくか気になるところだ。

元々深めにポジショニングをしていたこともあり、俊敏性の衰えから来る左右の打球に対する処理はいまだにカバーできているが、過去にも遊撃手として活躍した選手は30歳を超えたあたりからセンターラインとしてシーズンを戦い抜くパフォーマンスが落ち始め、一塁手や三塁手、外野手にコンバートするケースが珍しくない。

## 花形かつ負荷の高い遊撃手のコンバート遍歴

遊撃手というポジションは、野球選手としては花形でありエリートに属する。シーズン通して守備の負担が大きいので、身体的に怪我に強く攻守や心技体全てにおいて優れた選手が起用される場合が多い。さらには、遊撃手は二塁手同様センターラインのため、打球に対する広い守備範囲や、深い場所から送球する肩力が求められる。

　過去に名手と称された遊撃手の例をいくつか挙げてみよう。元ヤクルトの池山《いけやま》隆寛《たかひろ》は27歳の時にゴールデングラブ賞を獲得するも31歳の年にアキレス腱痛に悩まされ53試合の出場にとどまり、翌年に宮本慎也の台頭もあって三塁手にコンバートした。元広島の野村《のむら》謙二郎《けんじろう》は、29歳の年にトリプルスリーを達成した上にゴールデングラブ賞も獲得したが、32歳の年に股関節の痛みに悩まされ、シーズン中盤から二塁手や三塁手を守る機会が増え、翌年からは江藤智の巨人への移籍もあり三塁手にコンバートした。さらに、坂本に自主トレで指導した元ヤクルトの宮本慎也も、キャリア晩年は遊撃手から三塁手に移っている。36歳の年に２度の故障もあり、レギュラーになってから初めて出場試合数が１００試合を切り、38歳のシーズン途中から三塁手にコンバートした。近年では、阪神の鳥谷敬が35歳になる年に三塁手にコンバートされ、19年から巨人に在籍している中島《なかじま》宏之《ひろゆき》も30歳を超えたあたりで一塁手や三塁手にコンバートした。

　こうした例を見ても、チーム状況はもちろんだが、選手個々の年齢によるパフォーマンス低下や足腰の負担や怪我などを考慮し、ほとんどの遊撃手は30代前半にコンバートしている。プロのキャリアを通じて遊撃手を守り続けるのは極めて厳しいことなのだ。坂本も数年後のキャンプからは、一塁手や外野手などにコンバートする可能性もあり得る。

では、坂本の後継者は誰になるのか。18年から一軍でプレーをし始めた吉川尚輝は、非常に素晴らしいポテンシャルを持っている。現在は二塁手として活躍しているが、後釜として遊撃手で実戦に出る機会も既に何試合かある。19年3月に行われた日本代表の強化試合では遊撃手として出場し、素晴らしいプレーを連発した。しかし、昨シーズンようやく規定打席到達を達成したとはいえ、シーズンを戦い抜く耐久性に難がある。仮に、吉川が昨年と同様にシーズンを通してある程度働ける目処が立つならば、吉川を軸に複数人で遊撃手を運用していくのも一つの手段である。例えば阿部慎之助が捕手の座を退いた直後は、小林誠司が後釜として15年から18年まで正捕手としてプレーしていたが、やはり「捕手・阿部」というハードルは高く求められるものが大きすぎ、シーズンを通してパフォーマンスを維持できず優勝から遠のいた面もある。その後、19年は炭谷銀仁朗と大城卓三も起用し始めて捕手3人体制となり、リーグ優勝を果たすまでチーム力が底上げされた。

歴代トップクラスの選手の後釜はハードルが高く、ファンはもちろんのこと、首脳陣も求めるものが大きくなってしまう傾向がある。したがって、坂本の後釜の遊撃手は飛び抜けた力で常に計算できる選手が台頭するまでは、複数人体制などで回していくのもありだろう。このポジションを上手く流動化していくことによって若手選手の奮起やコンバートのきっかけにもなり、チームの世代交代もスムーズに進み、坂本の選手寿命は無理に遊撃手を続けるよりも長くなると思われる。

自身そしてチームの今後次第で、坂本は３０００本安打達成など今以上に歴史に名を残すことができるのではないだろうか。今の巨人で筆者が一番好きな選手だからこそ、さらなるレベルアップをして実績を積み重ねていってほしいと思っている。

## 岡本和真：柔と剛を備える令和の巨人軍４番

岡本和真は14年のドラフト会議で巨人に単独1位指名され、15年からプレーをしている(岡本の成績は38ページを参照)。15年に一軍デビューして、公式戦初安打・初打点・初本塁打を記録。さらに台湾のウィンターリーグでは19試合に出場して打率．３８３ 3本塁打20打点という成績で打点王を獲得。持ち前の「クラッチ力」はこの時から開花の兆しが見えていた。だが、そこからは順風満帆《じゅんぷうまんぱん》にはいかず、やや苦労した。16年のキャンプでは期待も大きく、オープン戦ではスタメン出場も多くあったが、結果を残せずに開幕二軍スタートとなった。すると二軍ではもうやることがないと言わんばかりに18本塁打74打点を記録し、打点王のタイトルを獲得した。続く17年は開幕こそスタメンだったものの、慣れない左翼のポジションで調子を崩し、最終的には15試合のみの出場。ただ夏場に調子を上げ、開眼の兆候は見られていた。

そして18年は、大きな飛躍の年になる。課題であった１４５km／h以上のボールへの対応にオープン戦中盤までは苦しんだが、後半からは難なく対応できるレベルになり、阿部慎之助からレギュラーの座を奪った。開幕後も難なく一軍のボールにも対応していき、最終的にはプロ野球史上最年少となる22歳３カ月での１００打点、３割30本塁打１００打点を記録した。このシーズンの打撃フォームはその後のシーズンと比較して、ボールへアプローチする際の柔らかさがあり、長打を狙いすぎる（下からバットが出すぎる）強引さなどが少ない傾向だったため、確実性が高かった。

続く19年も４番に座り31本塁打を記録した岡本だが、春先は調子がなかなか上がらず苦労していたように見える。主な原因を考えると、前年より身体を大きくしたことで、身体が絞れてキレが出やすくなるまで、速い球への対応が難しい場面が多々あった。守備面でも、新外国人のクリスチャン・ビヤヌエバがいたため、三塁手としてはさほど練習できずにいた。その調整不足のせいかバント処理のチャージが遅れる姿も見受けられ、ベストコンディションとはほど遠かった。さらにこの年は梅雨がなかなか明けず、得意とする夏の訪れが遅くなったのも調子が上がらなかった要因だろう。だが本格的に暑くなった８月は、シーズン通して唯一の月間打率３割超えを含めた９本塁打26打点と活躍。９月も月間成績は８月に比べて落としたが、優勝争いを占う９月10日のＤｅＮＡとの直接対決では、相手エースの今永昇太からのものを含む２ホーマーを放ち、大一番で４番の重責を果たした。

飛躍を遂げた18年も記録的な猛暑の中、８月は打率．３４０　８本塁打28打点と活躍した通り、暑くなると身体にキレが増して調子が上がる傾向があり、勝負所の夏場に頼もしい存在となっている。また、18年のＣＳでは打率．０５６　１打点と短期決戦での勝負強さに課題を残したが、19年のＣＳでは打率．５３３　３本塁打７打点と成長を見せた。しかし、日本シリーズでは、ＣＳで主に直球を打っていたところをソフトバンクバッテリーに見抜かれたのか変化球中心の配球をされ、不甲斐ない成績に終わってしまった。

シーズンやポストシーズンでのこうした結果を見ると、岡本が今後ワンランク上の選手になるためには、気候や環境に左右されず安定したパフォーマンスを残していくことが求められる。18年は初のフルシーズンということもあり、終盤やCSでは疲れもあった上での不調だったことがわかる。また、19年は身体を大きくしたが、ベストな体型や体重ではなかったことから、身体が絞れる気温になるまで調子が上がらなかったとうかがえる。その後のCSではまだ残暑や台風の影響もあったおかげか、スピードボールにも対応できるぐらいの身体のキレがあり、活躍を見せられたが、日本シリーズではCSほどの気温はなく、変化球中心の配球にもついていけていない打席が多々見られた。加えて、守備面でも身体のキレの悪さをマークされていたのか、交流戦同様にセーフティバントを決められる場面や自身の失策もあった。以上を踏まえて考えると、キャンプ前の自主トレは比較的気温が高い場所で行い、キャンプでは一塁手はもちろんのこと、三塁手や外野手の練習もしつつ調整していくことが求められる。

そのようなことを考えながら岡本の20年シーズンを見ていたのだが、オープン戦から非常に状態は良く、以前よりも4番打者らしくなり打点を生み出せるようになった印象を受けた。開幕2戦目の終盤には軽打でライト前へのタイムリー、次のカードの広島戦でも先制のタイムリーに加えてビハインドの場面で同点ホームランを放った。このように場面に応じた打撃ができると、要所でチームを勝利に結びつける打点を生み出す打者になっていけるだろう。さらに、余裕を持ってボールを待つことができ、コンタクト力も向上しつつセンターから右方向への長打が増えており、レベルアップしていることは明確だった。フォームが崩れて一時的に調子は下降したものの、最終的には初のタイトルである本塁打王と打点王を獲得した。

ただ、岡本には個人タイトル獲得で満足せず、さらに高みを目指して圧倒的な成績でチームを優勝に導いてほしい。それだけやれる選手だからこその要求だ。20年シーズン開幕当初のような打撃フォームやバランスに18年のような柔らかさが加わった形がベストだろう。この「柔と剛のバランス」を取り続けることが、安定して率も残した上で長打力もキープするための鍵になる。

余談だが、岡本は巨人の伝統「４番サード」を継承させる意図もあり、ユーティリティプレイヤーとしてのキャリアは断念したように見える。だが18年の成績や本人の資質、巨人の一塁手や外野手が手薄なことなどを考えると、シカゴ・カブスのクリス・ブライアントのようにユーティリティな長距離砲として育つ未来もあったに違いない。ユーティリティプレイヤーと言えば、ひと昔前は木村拓也のような器用で小回りの利く選手というイメージが強かったが、近年は変わってきている。代表クラスの攻撃力を持つ選手や長距離砲のユーティリティは今後も増えるだろう。ソフトバンクの中村晃やジュリスベル・グラシアル、周東《しゅうとう》佑《う》京《きょう》、西武の外崎《とのさき》修《しゅう》汰《た》などがその代表格である。

## 他球団の高卒選手たち

近年は他球団の高卒スター選手も早くて2年目から規定打席に達し、遅くても3～4年目には台頭してきている。野手の代表例は、ヤクルトの村上《むらかみ》宗隆《むねたか》だろう。高卒1年目から二軍で打率・288 17本塁打 70打点を記録。2年目には開幕一軍スタメンを勝ち取り、全143試合に出場した上にリーグ3位となる36本塁打 96打点を記録して一気に飛躍した。現在は三塁を守っているが、九州学院時代は主に捕手を任されていた。センターラインを担っていたことも、若いうちから守備位置のコンバートが効いた理由だろう。3年目は打率3割以上を記録した上で、本塁打と打点のタイトルを争った。

次に挙げられるのは、広島の鈴木誠也だ。二《に》松学舎《しょうがくしゃ》大学附属高時代は、エースで4番という高校球児の王道的な選手だった。プロ入り後は野手一本に専念し、遊撃手などに挑戦していた。その後は外野手となり、2年目に出場した21U野球ワールドカップでは、大会を通して打率・４２３を記録して首位打者を獲得するとともに、外野手としてベストナインに選ばれた。すると翌年の３年目はシーズン終盤からレギュラーとして出るようになり始め、４年目についにスタメンに定着。初の規定打席に到達したこの年、いきなりＯＰＳ１・０１５を含む打率・３３５ 29本塁打 95打点の好成績を残した。

鈴木誠也の場合も、元々はセンターラインである投手を務め、遊撃手などの内野を経験した後、外野手に転向してから一気に伸びていった。現在、国内トップクラスの打者と言っていいだろう。ソフトバンクの柳田同様に高打率を残しつつ、長打力も兼ね備えている。17年の足の怪我によって走塁面のパフォーマンスは落ちたが、ライトの守備は上手く、打撃面も年々向上している。バットが泳ぎながらもレフトスタンドに放り込んだり右方向にも上手くスタンドインさせたりする打撃センスはピカイチだ。19年には首位打者を獲得しただけでなく、プレミア12では日本代表の４番として打率・４４４ ３本 13打点という圧倒的な成績を残して文句なしのＭＶＰを受賞した。鈴木は台頭した16年から20年の間で５年連続３割25本塁打以上を達成している上に必ずと言っていいぐらいタイトル争いに加わり、高いレベルで安定した成績を残している。

高卒で大成する選手は早くて２年、遅くても４年のスパンで見られるが、１年目から二軍で格の違いを見せつけていることや、2年目には規定打席に立つなどする活躍を見せるのが共通項である。松坂大輔やダルビッシュ有、田中将大、坂本勇人のような球史に名を残す「怪物」が出てくる確率は大卒や社会人よりも高い。

## 高橋由伸：怪我に泣かされた「ガラスの天才」

高卒選手の次は、大卒のスターを取り上げていく。まずは、松井秀喜を脅《おびや》かした存在と言ってもいい男、高橋由伸だ。慶應義塾大学出身で東京六大学ではスター選手として活躍。入団時から長嶋茂雄の評価も高かった。ルーキーイヤーの98年からライバルの川上憲伸と熾烈な新人王争いを繰り広げた。この年のセ・リーグは高橋由伸や川上の他に小林《こばやし》幹英《かんえい》や坪《つぼ》井《い》智《とも》哉《や》といったルーキーも活躍し、史上最高峰の新人王争いだった（受賞は川上憲伸。高橋由伸は特別表彰された）。

高橋は2年目、チームの核である松井秀喜を脅かす存在になった。開幕から持ち前の打力を発揮し4月の月間MVPに輝くと5月には第66代の4番打者を任されるなど、首脳陣からの信頼も絶大なるものに。松井とヤクルトのペタジーニを含めた3選手で打撃タイトル争い

**高橋由伸成績**

| 年 | 試合 | 打席 | 安打 | 本塁打 | 打点 | 盗塁 | 打率 | 出塁率 | 長打率 | OPS |
|---|---|---|---|---|---|---|---|---|---|---|
| 1998 | 126 | 515 | 140 | 19 | 75 | 3 | .300 | .356 | .496 | .852 |
| 1999 | 118 | 505 | 143 | 34 | 98 | 3 | .315 | .378 | .588 | .966 |
| 2000 | 135 | 577 | 150 | 27 | 74 | 5 | .289 | .352 | .505 | .857 |
| 2001 | 140 | 605 | 164 | 27 | 85 | 3 | .302 | .364 | .499 | .863 |
| 2002 | 105 | 454 | 125 | 17 | 53 | 1 | .306 | .365 | .474 | .839 |
| 2003 | 118 | 486 | 143 | 26 | 68 | 3 | .323 | .379 | .573 | .952 |
| 2004 | 109 | 477 | 135 | 30 | 79 | 1 | .317 | .387 | .580 | .966 |
| 2005 | 88 | 360 | 97 | 17 | 41 | 1 | .298 | .367 | .502 | .868 |
| 2006 | 97 | 390 | 91 | 15 | 51 | 1 | .260 | .320 | .434 | .754 |
| 2007 | 133 | 590 | 155 | 35 | 88 | 1 | .308 | .404 | .579 | .982 |
| 2008 | 91 | 311 | 65 | 17 | 41 | 1 | .236 | .322 | .462 | .783 |
| 2009 | 1 | 1 | 0 | 0 | 0 | 0 | .000 | .000 | .000 | .000 |
| 2010 | 116 | 332 | 75 | 13 | 56 | 2 | .268 | .364 | .439 | .804 |
| 2011 | 95 | 301 | 63 | 15 | 37 | 0 | .246 | .357 | .473 | .829 |
| 2012 | 130 | 442 | 88 | 8 | 56 | 2 | .239 | .356 | .351 | .707 |
| 2013 | 68 | 197 | 50 | 10 | 34 | 0 | .303 | .416 | .533 | .950 |
| 2014 | 72 | 130 | 32 | 6 | 29 | 0 | .286 | .369 | .482 | .851 |
| 2015 | 77 | 158 | 37 | 5 | 21 | 2 | .278 | .386 | .429 | .815 |
| 通算 | 1819 | 6831 | 1753 | 321 | 986 | 29 | .291 | .366 | .503 | .869 |

するなど、大卒2年目とは思えない活躍ぶりを見せた。しかし、優勝争い真っ只中の中日戦でフェンス際の打球を捕球した際に怪我をして離脱となり終盤は欠場。とはいえ打撃3部門でTOP10に入る成績を残した。

3年目は開幕からスランプに陥りクリーンアップを外れることもあったが、天性の打撃センスで徐々に調子を上げていき、夏場からは3番に座るようになった。結果的には3割を切ったものの、攻守にわたりリーグ優勝と日本一に貢献した。4年目はキャリア初であり唯一のフル出場を記録し、２年ぶりの３割を記録するなど復活を遂げた。５年目は怪我による離脱があったものの２年連続で３割を達成し、２度目のリーグ優勝と日本一へ貢献。

６年目はチームの軸である松井が移籍したこともあり、開幕から４番センターを任された。シーズン中盤には好調をキープし続け、11打数連続安打、14打席連続出塁のプロ野球タイ記録を樹立し、打率は自己最高の・３２３を記録。シーズンオフにはアテネ五輪予選の日本代表に選出され首位打者に輝き、アテネ五輪出場に大きく貢献した。７年目もアテネ五輪での離脱期間があったものの、２年目以来の３割30本塁打を記録した。アテネ五輪では、台湾戦の劣勢の場面で王建民《おうけんみん》から同点ホームランを放ち、同僚かつ代表でもチームメイトだった上原浩治を助けた。このあたりの時期までがキャリアを通して脂が乗っていた時期であったが、このシーズンはタイトルなしに終わった。

８年目・９年目は度重なる怪我によって思うようなパフォーマンスは発揮されず、出場自体が１００試合に満たなかった。10年目、原監督に１番打者として任命されると、開幕戦でいきなり三浦大輔から先頭打者ホームラン。慢性的な怪我や故障に悩まされながらもチームを牽引し、キャリア最高の出塁率・４０４を記録した上に長打率とＯＰＳはリーグトップだった。加えてシーズン終盤まで村田修一とホームラン王争いを演じて35本塁打も記録するなど、鮮烈な復活劇を披露した。しかし、ＣＳでは、怪我を押して出場していた影響もあり、思うようなプレーはできなかった。これがレギュラーとして最後の輝きを放った年となる。小笠原にシーズンＭＶＰを譲ったものの、高橋がＭＶＰをもらってもおかしくないレベルの活躍だった。

その後のキャリアは故障しがちな体質を考慮され、時折スタメンで出場する機会があったが休み休みの起用が目立ち、全盛期からは程遠いパフォーマンスだった。ただ、代打専門の役割になってからは「代打の切り札」として活躍。キャリア最終年は代打打率・３９５を記録し、申し分ない成績で惜しまれつつ引退した。

高橋由伸は松井秀喜の地位を脅かすぐらいの天才的な打撃センスを持っていたが、キャリアを通して怪我や故障に悩まされ、全試合フル出場できたシーズンは一度だけであった。高い守備力ゆえに成り立つ、無理のあるプレーも怪我の一因となっていただろう。例えばフェンス付近のプレーはもちろんのこと、捕れるかどうかギリギリの打球に対しても惜しみなくダイビングキャッチするなどしており、腰は悲鳴をあげていたに違いない。その影響もあり才能は最大限に引き出されず、打撃タイトルも獲得することはなかった。国際大会もアテネ五輪のみ選出されているが、ＷＢＣの年は怪我に悩まされたことや、同じポジションにイチローや福留孝介がいたこともあり、選出されなかった。歴史に残る選手特有の「持っている」ものはなかったのかもしれない。

21世紀において高橋は巨人軍だけではなく球界全体を見ても突出した能力を持っており、怪我がなければ個人成績をさらに伸ばせた選手だったように思う。逆に言えば、歴史に名を残す選手は大きな怪我をせずに長くプレーし続ける力がある。「怪我をしない」ことも一つの才能であることは間違いない。

## 上原浩治：先発から抑えまでこなした超一流

90年代末から00年代前半まで、巨人軍のエースを担っていたのが上原浩治だ。大阪体育大学からドラフト1位（逆指名）で巨人入りするとプロ1年目の99年、前半戦だけで新人では37年ぶりの12勝を挙げるなど、歴代4位タイとなる15連勝を記録。最終的には、新人投手として66年に堀内恒夫が記録した13連勝を33年ぶりに更新し、20勝を挙げた。投手4冠を達成して沢村賞も獲得した。

上原と言えばフォークボールのイメージが強いが、ルーキーイヤーはスライダーを中心に

**上原浩治成績（巨人在籍時）**

| 年 | 登板 | 先発 | 勝利 | 敗戦 | セーブ | ホールド | 勝率 | 投球回 | 奪三振 | 防御率 | WHIP |
|---|---|---|---|---|---|---|---|---|---|---|---|
| 1999 | 25 | 25 | 20 | 4 | 0 | — | .833 | 197.2 | 179 | 2.09 | 0.90 |
| 2000 | 20 | 20 | 9 | 7 | 0 | — | .563 | 131 | 126 | 3.57 | 1.02 |
| 2001 | 24 | 22 | 10 | 7 | 0 | — | .588 | 138.2 | 108 | 4.02 | 1.16 |
| 2002 | 26 | 26 | 17 | 5 | 0 | — | .773 | 204 | 182 | 2.60 | 0.96 |
| 2003 | 27 | 27 | 16 | 5 | 0 | — | .762 | 207.1 | 194 | 3.17 | 1.03 |
| 2004 | 22 | 22 | 13 | 5 | 0 | — | .722 | 163 | 153 | 2.60 | 0.97 |
| 2005 | 27 | 27 | 9 | 12 | 0 | 0 | .429 | 187.1 | 145 | 3.31 | 0.99 |
| 2006 | 24 | 24 | 8 | 9 | 0 | 0 | .471 | 168.1 | 151 | 3.21 | 1.06 |
| 2007 | 55 | 0 | 4 | 3 | 32 | 4 | .571 | 62 | 66 | 1.74 | 0.82 |
| 2008 | 26 | 12 | 6 | 5 | 1 | 5 | .545 | 89.2 | 72 | 3.81 | 1.18 |
| 2018 | 36 | 0 | 0 | 5 | 0 | 14 | .000 | 34.2 | 24 | 3.63 | 1.07 |
| 通算 | 312 | 205 | 112 | 67 | 33 | 23 | .626 | 1583.2 | 1400 | 3.02 | 1.01 |

投げており、フォークを使い始めたのはシーズン中からだった。この年の上原は凄いというレベルでは済まされないレベルの投球だった。本塁打王のペタジーニや首位打者と打点王のロバート・ローズが上原の直球に振り遅れ、手も足も出ない状態だった。

2年目は、1年目の勤続疲労の影響もあり、シュート回転したボールが痛打されるなど苦しんだが、チームはリーグ優勝と日本一を達成した。3年目も二桁勝利はしたものの、思うようなピッチングはできずにいた。その中で4年目は、従来からさらに捻りを利かせたフォームに改良し、キャリア初の200イニングを達成した。さらに、最多勝を獲得して2度目の沢村賞を受賞。チームのリーグ優勝と日本一に大きく貢献した。日本シリーズでは、同じく99年のパ・リーグ新人王だった松坂大輔と初戦で投げ合い、12奪三振1失点完投勝利の好投を見せて4連勝への勢いをつけた。また、日米野球ではは当時メジャーリーグでトップクラスの打者だったバリー・ボンズから3打席連続三振を奪う活躍を見せた。

5年目と6年目は、チームは優勝を逃したが個人主要タイトルの獲得のみならず、日本代表に選出された。7年目から徐々に成績が落ち始めていき、怪我による離脱も増えてきた。その中でもWBCに選出され、日本代表の先発の柱として優勝に貢献。翌年は怪我で出遅れ、復帰した際はクローザーとして登板したが、32セーブを挙げる活躍で優勝に寄与した。

渡米前最後のシーズンは先発に復帰したが、前年がクローザーだったこともあり、スタミナ面に不安があった。さらに、新球種としてシュートを覚えたが、それによってフォームを崩してしまい、開幕直後は不調で二軍落ちも経験した。ただ、北京五輪の日本代表に選出されると、その五輪で調子を上げ始めて後半戦は先発ローテーションの一角として活躍し、逆転優勝の立役者の一人になった。

上原は大学3年時、当時国際大会151連勝中で「アマチュア最強」と呼ばれていたキューバを抑えて一気に有名になった。プロ入りしてから後に生命線となるフォークを覚えたが、大学時代は主にストレートとスライダーと制球力の高さだけで抑えており、相当なポテンシャルの高さがうかがえる。特に制球力は歴代でもトップクラスで、K／BB（奪三振と与四球の比率）はキャリアで１０００イニング以上投げた投手の中では日本プロ野球歴代最高となる通算６・68を記録している。

## 阿部慎之助：名実ともに巨人軍歴代最高の捕手（初期〜中期）

阿部慎之助は中央大学時代から強打の捕手として注目され、在学中にシドニー五輪の代表にも選出されるぐらいの実力者だった。ON対決の日本シリーズで話題となった00年のドラフト会議において１位指名（逆指名）で巨人に入団するとキャンプから一軍に帯同し、当時はヘッドコーチだった原辰徳の推薦もあり、開幕スタメンを勝ち取った。新人捕手の開幕スタメンは山倉《やまくら》和博《かずひろ》以来23年ぶりの快挙であり、星《ほし》野《の》仲之《のぶゆき》からプロ入り初打席初安打初打点を記録して勝利に貢献した。１年目ということもあり、シーズン通して好不調の波は激しかったが、１２７試合に出場して13本塁打を記録した。ちなみに、新人捕手の二桁本塁打は田淵《たぶち》幸一《こういち》以来２人目の記録でもある。

２年目も正捕手として１２７試合に出場し、巨人ではこれも山倉和博以来の捕手による規

**阿部慎之助成績**

| 年 | 試合 | 打席 | 安打 | 本塁打 | 打点 | 盗塁 | 打率 | 出塁率 | 長打率 | OPS |
|---|---|---|---|---|---|---|---|---|---|---|
| 2001 | 127 | 428 | 87 | 13 | 44 | 3 | .225 | .293 | .373 | .666 |
| 2002 | 127 | 511 | 133 | 18 | 73 | 4 | .298 | .377 | .478 | .854 |
| 2003 | 94 | 371 | 95 | 15 | 51 | 1 | .303 | .392 | .500 | .892 |
| 2004 | 108 | 436 | 114 | 33 | 78 | 0 | .301 | .391 | .625 | 1.016 |
| 2005 | 130 | 534 | 143 | 26 | 86 | 0 | .300 | .365 | .498 | .863 |
| 2006 | 129 | 497 | 133 | 10 | 56 | 0 | .294 | .349 | .427 | .776 |
| 2007 | 140 | 580 | 137 | 33 | 101 | 1 | .275 | .355 | .513 | .868 |
| 2008 | 125 | 484 | 116 | 24 | 67 | 1 | .271 | .350 | .502 | .852 |
| 2009 | 123 | 462 | 120 | 32 | 76 | 1 | .293 | .357 | .587 | .943 |
| 2010 | 140 | 569 | 140 | 44 | 92 | 0 | .281 | .368 | .608 | .976 |
| 2011 | 114 | 437 | 114 | 20 | 61 | 1 | .292 | .363 | .500 | .863 |
| 2012 | 138 | 556 | 159 | 27 | 104 | 0 | .340 | .429 | .565 | .994 |
| 2013 | 135 | 529 | 125 | 32 | 91 | 0 | .296 | .427 | .564 | .991 |
| 2014 | 131 | 526 | 114 | 19 | 57 | 1 | .248 | .340 | .425 | .765 |
| 2015 | 111 | 419 | 83 | 15 | 47 | 0 | .242 | .370 | .414 | .784 |
| 2016 | 91 | 387 | 104 | 12 | 52 | 0 | .310 | .394 | .457 | .850 |
| 2017 | 129 | 512 | 119 | 15 | 76 | 0 | .262 | .329 | .389 | .718 |
| 2018 | 95 | 223 | 49 | 11 | 46 | 0 | .247 | .324 | .444 | .769 |
| 2019 | 95 | 192 | 47 | 7 | 27 | 0 | .297 | .411 | .481 | .892 |
| 通算 | 2282 | 8653 | 2132 | 406 | 1285 | 13 | .284 | .368 | .495 | .863 |

定打席に到達した。シーズン中に高橋由伸が離脱したこともあり、3番を任されるなどで打率・298 18本 73打点 OPS・854と打撃成績もかなり良かった。ベストナインとゴールデングラブ賞、最優秀バッテリー賞を獲得し、投打にわたりリーグ優勝と日本一に大きく貢献した。

3年目から5年目は、故障や怪我などで離脱があったものの打撃はさらに開眼。3年目は規定未到達ながらも3割を記録し、4・5年目は規定打席に到達した上で打率３割を記録した。特に４年目は４月９日から16日にかけて６試合連続本塁打を記録して28日には一試合３本塁打を放つなど、開幕からキャリア最高と言えるほど打撃の調子が良く、４月に放った月間16本塁打は王貞治の球団記録を更新し、81年の門《かど》田《た》博光《ひろみつ》や94年の江藤智と並ぶ日本タイ記録だった。最終的にこのシーズンは３割30本ＯＰＳ１．０００以上を記録し、捕手というポジションを抜きにしてトップクラスの打撃成績を残した。

５年目は最終的には打率３割を超えて出塁率と得点圏打率はチームトップだったが、守備面でなかなか結果を残せなかったことや右肩の故障もあり、その打撃を活かすために一塁手として32試合に出場した。オフに原辰徳氏から「あの打撃をもっと活かすには負担の少ない一塁の方がいい。守備の負担を軽減したら慎之助は十分に４番を打てる実力の持ち主だ」とも評され、一塁手へのコンバート案もあったが、「もう一度、キャッチャーで勝負させてください」と直訴し、捕手として勝負していくことを決めた。

原第二次政権が始まった６年目は打撃の調子がなかなか上がらなかったものの、守備面は向上して、リーグトップの捕殺数と盗塁阻止率を記録した。また、03〜05年は４点台だったチーム防御率が３点台に改善されたところに、リード能力の向上の兆しが見えた。

７年目からは主将を務めることになり、さらに巨人軍第72代４番にもなって２度目の30本塁打と自身初の１００打点を記録した。03年の城島健司以来、史上４人目の捕手登録選手のシーズン１００打点達成となった。セ・リーグでは門前真佐人《もんぜんまさと》以来２人目で、57年ぶりの快挙だった。守備面でもリーグ２位の防御率３・５８を記録するなど、前年よりもさらに投手陣のリードが良化され、リーグ優勝に大きく貢献した。シーズン終了後に行われた北京オリンピック予選では３試合に出場し、打率・７６９　４打点を記録して、大会最優秀打者賞・ＭＶＰを獲得した。８年目は北京五輪の影響もあり出場試合数は減少したが、２年目以来のゴールデングラブ賞を獲得した。しかし、優勝が決定した試合で、牽制球で二塁へ帰塁した際に右肩を負傷。その結果、ＣＳと日本シリーズでは捕手を務められず、日本一を逃した。

９年目からの数年間が、阿部のキャリア全盛期である。初のＷＢＣ日本代表に選出されるなど選手としての視野が広がった中、シーズンが開幕した。序盤は負担も考慮して鶴岡一成《つるおかかずなり》と併用されていたが、中盤からはほとんどマスクを被り、９月には５試合で７本塁打を放つ活躍で月間ＭＶＰを受賞した。チームトップ・リーグ２位の32本塁打とリーグ１位の長打率・ＯＰＳを記録して連覇に貢献。さらに、巨人の捕手で史上初となる通算２００本塁打を達成した。個人タイトルこそなかったものの、投手陣を牽引して防御率２点台に引き上げた上にトップクラスの打撃成績を残す活躍は、ＭＶＰに相応しいものだった。日本シリーズでも第5戦で武田《たけだ》久《ひさし》からサヨナラ本塁打を放ち、第6戦では武田勝から決勝打を記録。日本一に大きく貢献して文句なしのシリーズＭＶＰを受賞した。

続く10年は10年連続二桁本塁打、野村克也と田淵幸一に続き捕手史上3人目となるシーズン40本塁打（44本）を達成した。打率・２８１ 44本 92打点 ＯＰＳ・９７６の成績を残し、チームメイトのラミレスや阪神のブラゼルと本塁打王争いを繰り広げた。広島戦で40号本塁打を放ったシーンは個人的にも非常に印象深い場面だった。また、守備率は・９９９、盗塁阻止率は・３７１の成績を残し、セ・リーグ1位を記録するなどこの年も攻守にわたって活躍した。

11年は、練習試合でふくらはぎの怪我をしたため出遅れた。規定打席に僅かながら到達しなかったものの、リーグ4位の20本塁打を記録し、統一球に対応したシーズンであった。そして12年は、阿部にとってキャリアハイのシーズンとなる。6月・8月・9月と3度の月間ＭＶＰを受賞し、捕手としてシーズン歴代最高の打率（・３４０４）を記録して文句なしの首位打者を獲得した。打点もキャリア最高となる１０４打点を記録し、打点王の座にも輝き2冠を達成。リード面でも投手陣を支え、チーム防御率2・16を記録した。原監督の「（阿部）慎之助のチーム」のコメント通り攻守の柱として交流戦優勝をはじめ、リーグ優勝と日本一、CS制覇、アジアシリーズ制覇の5冠に導き、シーズンMVPにも輝いた。

13年は、シーズン前に第3回WBCの日本代表として、主将・4番・正捕手の三役を担い、オランダ戦の2本塁打を含むチーム最多タイの7打点の活躍で準決勝進出に大きく貢献した。シーズンでは10年以来の30本塁打以上を記録するなど、本塁打と打点はリーグ3位の成績を記録し、チームも2連覇。守備率は．999を記録し、ゴールデングラブ賞を獲得した。しかし、疲労の影響でシーズン終盤に帯状疱疹を患うなどしてポストシーズンは調子を落とした。10年代前半の阿部は毎年リーグトップクラスの打撃成績を残しつつ、リード面で巨人そして日本代表の投手陣を引っ張っていった。これまでは守備の負担を考慮され主に下位打線に座っていたが、10年からはクリーンアップを担い、打撃タイトルも獲得するなど攻守にわたり勝利の立役者となり続けた。

### 阿部慎之助：名実ともに巨人軍歴代最高の捕手（後期～引退後）

キャリア晩年に差し掛かった14年は、前年のポストシーズンから見えていた衰えの兆候がそのまま結果に反映された。首の故障にも悩まされシーズンを通してなかなか調子が上がらず、シーズン途中からは一塁を守る機会も増えた。この年、捕手として５人目の通算１０００打点を達成した。

15年より正式に、捕手から一塁手にコンバートすることに。チーム内の事情で捕手に戻った時期もあったが、ファウルチップで首の痛みが悪化して登録抹消に。シーズン通しても、打率・２４２ 15本 47打点 ＯＰＳ・７８４の成績で、前年よりもさらに成績を落として不完全燃焼に終わった。16年はオープン戦で肩に違和感を覚えて登録抹消され、開幕は二軍スタートだった。一軍昇格後は、調子を上げていき、規定打席には届かなかったものの自己最長連続安打となる23試合連続安打を記録するなど打率・３１０ 12本塁打 52打点 ＯＰＳ・８５０の成績を残し、打撃面で復活の兆しを見せた。

17年は開幕から好調なスタートを切り、史上49人目の２０００本安打を達成。８月は調子を上げたものの、９月以降は調子を下げた結果となった。内野手登録となってから初めて規定打席に到達し、打率は・２６２ 15本 76打点 ＯＰＳ・７１８を記録した。18年はキャンプからオープン戦を通して岡本和真とレギュラー争いをしたが、岡本が好成績を残したことによって、レギュラーを譲る形となった。スタメンの機会が減ったものの随所で活躍を見せ、18年連続二桁本塁打を記録した。

現役最終年となった19年は、開幕から代打の切り札として起用されつつ、休み休みで５番打者としても出場した。６月１日の中日戦では史上19人目となる４００本塁打を達成した。野村克也と田淵幸一以来、捕手史上３人目の快挙であり、捕手で通算１０００試合出場、通算２０００本安打を達成しての通算４００本塁打は野村に次いで２人目となった。打率・２９７　７本　27打点　ＯＰＳ・８９２という打撃成績で、きちんと戦力としてリーグ優勝に貢献した。また、引退試合では最後の花道に相応しく本塁打を放った。

阿部は巨人史上最高の捕手であり、10年代のプロ野球全体でも最高の捕手であったことに異論はないだろう。特に、10〜13年の全盛期はシーズン40本塁打や主要打撃タイトル獲得、代表の４番としての活躍など、捕手としては規格外の打力を誇った。若手の頃は打撃型捕手のイメージが強すぎて守備面で酷評される機会が多かったが、原第二次政権に入ってからはリードやフレーミング（際どいゾーンへの球を、球審にボールではなくストライクと判定させるための捕球技術）などの守備面においても成熟し、正捕手として６度のリーグ優勝に貢献した。巨人からすれば阿部以降の捕手は小林誠司を含めて求めるハードルがどうしても高くなり、苦労している部分は多々あるのだろう。坂本の節でも触れたが、小林や大城など複数人体制での捕手運用の改善、また当然ながら選手個々の実力向上によってカバーしていくことが重要である。

阿部は20年から二軍監督を務めるようになったが、監督として良くも悪くもその強烈な「指導力」が表れているように感じる。打撃指導に関しては持ち前の打撃センスの片鱗《へんりん》を見せつけるかのように、さっそく若手選手の打力向上に貢献している。また、戦略コーチなどを務めた橋上《はしがみ》秀樹《ひでき》氏との共著『阿部慎之助の野球道』（徳間書店）では、独特のドラフト論を語っている。阿部は取りたい選手を「主要都市で勝ち抜いた選手」と答え、次のように述べているのだ。

「『今年のドラフトなら〇〇』というような、具体的な名前まではわかりません。でも、あえて言わせていただけるのであれば、主要都市で野球をしていて勝ち抜いた経験を持った選手がいいなと思います。地方出身の選手は資質が高いのは間違いありませんが、肝心なメンタルの面は大都市でもまれた選手のほうが強いように思えるんです。とくに高校生を獲得する場合は、たとえば東京、神奈川、愛知、大阪、兵庫、広島、福岡といった都市部エリアで野球をやっている選手を獲るべきだと思うんです」

高校生は「主要都市」で勝ち抜いた選手が他のエリアの球児よりも強靭なメンタルを持ち、ポテンシャルがあると強調している。さらに、大学についてはこう語っている。

「僕の経験でいけば、やはり東都（東都大学野球）出身の選手が一番いいですよ。東都には入れ替え戦があります。春に1部で優勝しても、秋に最下位になれば、2部の1位との入れ替え戦に回らなくてはいけない。そこで万が一、2つ負けてしまったら、2部に落ちてしまいます。反対に2部のチームは1部への昇格がかかっていますから、それはハングリーになりますよ」

具体的なリーグ名まであげて昔ながらのハングリーさやメンタリティを評価軸に置いていることから、今後の若手選手の育成やドラフト戦略、阿部ならではのチーム作りは楽しみである。

しかし、現代には合わない部分もある昔ながらの指導方針とも言えるため、選手が萎縮《いしゅく》してしまう可能性はあるだろう。経験を経ていわゆる飴《あめ》と鞭《むち》のバランスが整えば、将来の巨人軍監督として新たな時代を築くこともできるだろう。例えば、阿部よりも年上でありながら良い意味で時代に適応した指導者を「参謀役」のような形で右腕としてベンチに置くことが、「最適なバランス」の再現性を高める鍵になるかもしれない。

## 菅野智之：器用かつ多彩なスーパーエース

11年度のドラフトで日本ハムに1位指名されるも入団拒否し、1年の浪人期間を経て12年に単独1位指名で巨人入りした菅野智之。1年目の13年から二桁勝利を記録し、前評判通り先発ローテーションの柱として活躍した。ルーキーイヤーは大学時代のように力で押していくのではなく、持ち前の制球力と多彩な球種でかわしていく投球スタイルで、シーズン途中まで最多奪三振争いを繰り広げた。最終的には、チームトップの勝利数・防御率・奪三振・勝率を記録し、ＣＳでは前田健太、日本シリーズでは田中将大という当時国内トップクラスの投手に投げ勝ち、実力の片鱗を見せた。

開幕投手を務めた2年目は、ルーキーイヤーよりもさらにクオリティの高い、リーグトップクラスの投球を披露。夏場に中指の炎症、シーズン終盤に肘の怪我による離脱があったものの最優秀防御率、そしてリーグ優勝への貢献が認められセ・リーグＭＶＰを獲得した。3

**菅野智之成績**

| 年 | 登板 | 先発 | 勝利 | 敗戦 | セーブ | ホールド | 勝率 | 投球回 | 奪三振 | 防御率 | WHIP |
|---|---|---|---|---|---|---|---|---|---|---|---|
| 2013 | 27 | 26 | 13 | 6 | 0 | 0 | .684 | 176 | 155 | 3.12 | 1.15 |
| 2014 | 23 | 23 | 12 | 5 | 0 | 0 | .706 | 158.2 | 122 | 2.33 | 1.10 |
| 2015 | 25 | 25 | 10 | 11 | 0 | 0 | .476 | 179 | 126 | 1.91 | 1.06 |
| 2016 | 26 | 26 | 9 | 6 | 0 | 0 | .600 | 183.1 | 189 | 2.01 | 0.99 |
| 2017 | 25 | 25 | 17 | 5 | 0 | 0 | .773 | 187.1 | 171 | 1.59 | 0.85 |
| 2018 | 28 | 27 | 15 | 8 | 0 | 0 | .652 | 202 | 200 | 2.14 | 1.00 |
| 2019 | 22 | 22 | 11 | 6 | 0 | 0 | .647 | 136.1 | 120 | 3.89 | 1.25 |
| 2020 | 20 | 20 | 14 | 2 | 0 | 0 | .875 | 137.1 | 131 | 1.97 | 0.89 |
| 通算 | 196 | 194 | 101 | 49 | 0 | 0 | .673 | 1360 | 1214 | 2.32 | 1.03 |

年目は怪我や故障のリスクを考慮した投球スタイルに変わり、小手先で打たせて取る投球が目立った。そのため先制点を与える機会も多く、勝ちがつかない試合も増えた。成績自体はリーグトップクラスで防御率は自身初の1点台を記録したが、菅野本来のポテンシャルを考えると物たりないシーズンだったと言える。また、プレミア12の代表に選出されたが、そうした投球スタイルが通用せず、アメリカ戦では先制点を与えるなど苦い結果となった。

13～15年の菅野の投球内容を振り返ると、「投球術」にこだわった印象が強い。大学時代のパワーピッチングではなく、新人ながらも大人びた、かわすクレバーな投球が目立った。浪人時代に黒田博樹の登板試合を中継で見るなどして、参考にした影響が強いだろう。また、14年終盤の怪我もあり、長く投げられる投球スタイルも考えていたと見ている。ボールを動かしながらかわす投球は怪我のリスクも低く、13〜15年の巨人内野陣の堅い守備を考えると、非常に効率的であったのは間違いない。ただ、このあたりの時期のピッチングを見ると、力の入れどころなどが掴めておらず、大事な試合で先制点を与える機会も多かった。そうした課題点が浮き彫りになったのが、15年にヤクルトと優勝を争った時期やプレミア12だろう。

だが翌シーズン、菅野はきっちりと課題を修正した上、想像を超えるとてつもない進化を果たす。前年の反省を活かして力のある速球も加えた投球スタイルになり、4月は4試合33イニングを自責点0、月間防御率0・00を記録して月間MVPに。シーズン通しても最優秀防御率と初の最多奪三振を獲得し、誰しもが認める国内トップクラスの投手へ成長を遂げた。スタッツを見ると奪三振数を除いて前年と大きく違うわけではないが、投球内容を見ると一段上の選手になったことは明白だった。

5年目のシーズンは開幕前にWBCの日本代表に選出され、3試合に先発し14回1／3を投げて防御率3・14の成績を残した。準決勝のアメリカ戦（この大会で最終的に優勝）でも6回1失点6奪三振の好投で、さらなる進化が見られた。WBCの疲れがある中でシーズンが開幕したが、斎藤雅樹以来となる3試合連続完封勝利を達成した（4月18日対ヤクルト戦、4月25日対広島戦、5月2日対DeNA戦）。また、5月23日の阪神戦では7回無死一・二塁のピンチの場面で、ギアを上げて三者連続三振で切り抜け素晴らしいピッチングを見せた。この年は得点圏に走者を置いた場面で、１２７人の打者と対戦して被打率・１５６の成績を残し、ピンチでの勝負強さを見せた。最終的には17勝5敗 防御率１・５９などキャリアハイの成績を残し、最多勝と最優秀防御率の2冠を獲得。自身初の沢村賞に輝いた。このシーズンから打者を圧倒するオーラはもちろんのこと、試合序盤はボールが緩くても要所でギアを上げていき、得点圏にランナーを出しても点を取られる気配が全く感じられなかった。さらには、三振を取りたい場面は三振を取り併殺を取りたい場面は併殺を取る投球をして、高い水準で変幻自在だった。

6年目は、キャンプから新球種であるシンカーの習得に重点を置いていた。しかし、シンカーを習得したことにより開幕から調子が上がらず、開幕2戦で自責点9という結果を受けてシンカーを封印した。その結果、4月13日の広島戦では8回1失点10奪三振でシーズン初勝利。その後も調子を上げていき、29回２／３連続無失点を記録した。最終的には15勝８敗 防御率２・１４ 勝率・６５２、２０２回 ２００奪三振 の成績で最多勝・最優秀防御率・最多奪三振の投手3冠と文句なしの2年連続沢村賞を獲得した。さらに、ＣＳでは自身初のノーヒットノーランを達成した。

16〜18年の菅野の投球は、まさにエースに相応しい内容であった。特に17・18年は相手打者への威圧感、力の入れ具合や、投球術のバランス感覚が素晴らしかった。具体的にはストレートの水準が一気に上がり、変化球も大きく曲がるスライダーとスラッターを上手く使い分け、縦のパワーカーブやスプリットも組み合わせて完璧に近い投球を見せた。

19年はこれまでの勤続疲労の影響もあり、キャンプからスピードが上がらず、変化球も緩い軌道だった。持ち前の投球術で抑えていたが、ボール自体が良くならない状態が続いた。また、腰痛による2度の抹消もあり、シーズンを通して不完全燃焼に終わった。最終的には11勝したものの、防御率は自己ワーストの3・89。入団から6年連続で到達していた規定投球回数も逃した。日本シリーズでは背水の陣となった第4戦で登板し、序盤は強度のあるボールで抑えることができたが、中盤から疲れが見え始めて6回1／3を投げて自責点3で降板した。故障や不調の中のシーズンではあったが、二桁勝利を挙げるあたり、勝ち運がなく調子が悪いなりの成績を残し、優勝に一定以上貢献するあたりはさすがの一言である。

巻き返しを期した20年は、新フォームに取り組んだ上で調整を加えた。その結果、ボールの強度などの技術的な部分が向上。大きなスライダーとスラッターを投げ分けパワーカーブも織り交ぜ、スプリットの質も高くなり、より一層視座の高い投球を披露した。特に、縦変化のスプリットの質が高まったことにより、投球の幅が広がったのは間違いない。加えて、前回登板時や試合序盤の課題点を上手く修正し、投球の配分を変えるなどして試合の流れを作るゲームメイク力が飛びぬけたものになった。ピンチの場面等の要所ではギアチェンジをしてほぼ確実に抑え、開幕13連勝。データ的な観点で取り上げられがちな「シーズンごとの揺れ戻し」とは一線を画する「負けないエース」の姿が目立った。かつての田中将大や斉藤和巳のように、自軍の打線を随所で乗せていることが見てとれる。

それでもあえて課題をあげるとするなら、シーズン終盤や重要な時期へのピーキングや調整力だろう。9月の防御率は2点台となんとか抑えていたが、明らかに開幕当初から夏場までのボールの強度はなく、結果的にアウトになっていてもボールを芯で捉えられている打球が多かった。そして10月は打ち込まれる場面も増えていき、月間で2敗を喫して防御率も3・24と成績が下降した。新型コロナウイルスの影響で調整の難しいシーズンだったが、勝負所に向けてコンディションが低下したことは一番の課題だろう。

また、オフにはメジャー移籍の話もあったが、残留が確定した。現在の巨人の投手陣は若手が多く、菅野は彼らの模範となりつつある。大黒柱としてチームとともに成長していく姿が楽しみだ。そして、キャリアで唯一達成できていない「日本一」というミッションを成し遂げてほしい。

## 他球団の大卒選手たち

他球団の大卒選手を見ると、高卒と比較して、投手は１年目から即戦力として活躍する選手が、以前よりも安定して出てくる傾向にある。20年のセ・リーグ新人王に輝いた森下暢仁《もりしたまさと》は、新人ながらも先発投手各部門の成績でＴＯＰ５以内に入る活躍を見せた。ソフトバンクの高橋礼《たかはしれい》もルーキーイヤーの中盤から一軍で投げ始め、２年目の19年に新人王を獲得した。ＤｅＮＡの今永昇太はルーキーイヤーの16年からローテーションを担い、２年目に初の二桁勝利を挙げ、４年目はタイトルこそ獲得ならなかったものの、全部門でＴＯＰ３入りを果たした。10年代後半の沢村賞受賞者を見ても、菅野智之や大野雄大《おおのゆうだい》といった大卒の投手が占めている。

野手は、16年を境目に１年目から活躍する選手が多く出てきた。16年は、セ・リーグは高《たか》山俊《やましゅん》が新人王を獲得し、パ・リーグは投手の高梨裕稔《たかなしひろとし》が受賞したが、茂木栄五郎《もぎえいごろう》や吉田正《よしだまさ》尚《たか》らが頭角を現した。セ・リーグは17年にも野手の京田陽太《きょうだようた》が、18年は２年目の田中和基《たなかかずき》が新人王を獲得したのを見ると、以前よりも即戦力性は上がっている。また、超一流どころは遅くても5年目には主要タイトルを獲得するまで成長を遂げている。例えば柳田悠岐や秋山翔吾、吉田正尚は新人王こそ獲得しなかったものの、5年目にはタイトルを獲得しており、国内トップクラスの打者にまで成長を遂げた。

高卒と大卒を比較すると、安定した即戦力性はやはり大卒の方が上回っており、プロ野球史に名を残すレベルの選手は、伸び代を含めて高卒から出現しやすいと言えるだろう。

## 松井、阿部、坂本と高橋由伸の違い

本章では巨人軍の様々なスター選手を見てきたが、チームの核になれた選手とそうでない選手がいる。後者の象徴的な例が、高橋由伸だろう。99年にはタイトル争いをして松井秀喜の座を脅かしたが、シーズン終盤に怪我をしてからは、常に怪我で離脱しがちな選手になってしまった。そのため、02年オフに松井が移籍してからチームの軸として期待される中でも、思うようにチームを引っ張ることができなかった。ちょうどその頃にチームも低迷期を迎え、移籍してきた小久保裕紀がキャプテンシーを示し、その後は入れ替わりで移籍してきた小笠原道大がチームを優勝に導いた。さらにアレックス・ラミレスが入団し、後にチームの軸となる阿部慎之助を下位打線に置くように。キャプテンシーが身についた頃に阿部は４番打者となり、10年代前半の巨人軍を引っ張り続けた。そして阿部から主将の座を引き継いだ坂本勇人は16年に打撃が開眼し、チームを引っ張る存在に成長。19年にチームを優勝させた。

高橋由伸は、阿部から坂本のようなケースとは違い、松井から主役の座を上手く引き継ぐことができなかった。また、自らチームを優勝に導いた上で打撃各部門やＭＶＰなどのタイトルを獲得することもなかった。07年はＭＶＰに相応しい活躍だったので選出されてよかったが、複数シーズンでチームの核として優勝に導いてほしかったのが本音である。松井は圧倒的成績でタイトルを取って日本一の原動力となったし、阿部も負担が大きい捕手ながらキャリアハイの成績で２冠を達成しチームも日本一に。坂本も遊撃手として史上初の３割40本塁打を達成してＭＶＰに輝き、チームを優勝に導いた。このように、個人成績を伴う形でチームを栄光へ導く機会があったか否かが、キャリアを通して巨人軍の核になれたかどうかの差として表れている。

## 上原、菅野と内海の違い

21世紀の巨人軍のエースと呼んでいい存在は、上原浩治、内海哲也、菅野智之の3人だろう。その中でも頭一つ抜けているのが菅野だ。ルーキーイヤーから8年目までのうち7シーズンで二桁勝利を記録。さらに沢村賞も2回受賞しており、21世紀では田中将大、前田健太と並んで最多の獲得数である（ちなみに上原も2回受賞している）。唯一足りないものは、エースとしての日本一達成だろう。上原や内海はタイトルを獲得した上で日本一にも輝いており、エースとしての力量を図るものさしとしても日本一が求められる。

上原、菅野の2人と比較すると、内海は若干格落ちしてしまうのは否めない。もちろんエースとしてチームを優勝や日本一に導いたことは素晴らしいが、投手最高峰のタイトルである沢村賞を獲得していない点と、国際大会の内容に物足りなさがある。上原は国際大会無敗であり、先発ローテーションとして投げて世界一に貢献。菅野もWBCで先発ローテーションを担い、世界一とはならなかったものの、優勝したアメリカ相手に好投を見せた。しかし内海は国際大会でなかなか結果が出ず、打ち込まれる場面が多々あった。巨人のエースは球

**内海哲也成績（巨人在籍時）**

| 年 | 登板 | 先発 | 勝利 | 敗戦 | セーブ | ホールド | 勝率 | 投球回 | 奪三振 | 防御率 | WHIP |
|---|---|---|---|---|---|---|---|---|---|---|---|
| 2004 | 3 | 2 | 0 | 0 | 0 | — | .000 | 14 | 13 | 5.14 | 1.29 |
| 2005 | 26 | 19 | 4 | 9 | 0 | 1 | .308 | 114.1 | 76 | 5.04 | 1.48 |
| 2006 | 31 | 28 | 12 | 13 | 0 | 1 | .480 | 194 | 179 | 2.78 | 1.11 |
| 2007 | 28 | 28 | 14 | 7 | 0 | 0 | .667 | 187.2 | 180 | 3.02 | 1.23 |
| 2008 | 29 | 29 | 12 | 8 | 0 | 0 | .600 | 184.1 | 154 | 2.73 | 1.27 |
| 2009 | 27 | 27 | 9 | 11 | 0 | 0 | .450 | 179.2 | 115 | 2.96 | 1.10 |
| 2010 | 27 | 26 | 11 | 8 | 0 | 0 | .579 | 148 | 121 | 4.38 | 1.35 |
| 2011 | 28 | 26 | 18 | 5 | 0 | 0 | .783 | 185.2 | 144 | 1.70 | 1.08 |
| 2012 | 28 | 28 | 15 | 6 | 0 | 0 | .714 | 186 | 121 | 1.98 | 1.15 |
| 2013 | 25 | 25 | 13 | 6 | 0 | 0 | .684 | 160.1 | 107 | 3.31 | 1.28 |
| 2014 | 22 | 22 | 7 | 9 | 0 | 0 | .438 | 144.2 | 105 | 3.17 | 1.21 |
| 2015 | 5 | 5 | 2 | 1 | 0 | 0 | .667 | 23.1 | 10 | 5.01 | 1.54 |
| 2016 | 18 | 18 | 9 | 6 | 0 | 0 | .600 | 107.1 | 81 | 3.94 | 1.17 |
| 2017 | 12 | 12 | 2 | 7 | 0 | 0 | .222 | 57.2 | 34 | 5.77 | 1.46 |
| 2018 | 15 | 14 | 5 | 5 | 0 | 0 | .500 | 82 | 56 | 4.17 | 1.39 |
| 通算 | 324 | 309 | 133 | 101 | 0 | 2 | .568 | 1969 | 1496 | 3.21 | 1.23 |

界のエースでもあるべきなので、沢村賞獲得や国際大会での活躍なども「基準値」となる。また、近年は投球回数の価値が下がっているとはいえ、上原と菅野はシーズン200イニングを達成しているのに対して内海は届いておらず、その差も考慮すべきある。

## チームを優勝に導くタイトルホルダー

巨人で期待通りまたはそれ以上に育った選手はタイトルホルダーになり、なおかつチームを優勝に導く存在になる。21世紀の選手では阿部慎之助、坂本勇人、菅野智之はその例だろう。特に、阿部と坂本は守備負担も大きいセンターラインを守りながら40本塁打を超えて打撃タイトルを獲得し、菅野を含め皆、優勝した年にMVPを獲得している。かつて西武や横浜で指揮をとった森祇晶氏は、98年に横浜が優勝したことを評して「佐々木がMVPを、鈴木尚典《すずきたかのり》が2年連続首位打者を獲得したが、タイトルを獲得しても、チームが優勝しなければその価値は半減する」と発言しており、優勝した上で獲得する個人タイトルにはより大きな価値が生まれることがわかる。

プレッシャーに揉《も》まれながら結果を残しつつチームを優勝に導く強靭《きょうじん》なメンタリティは、巨人の中軸だからこそ明確に育つ。阿部や坂本、現在の岡本のように重圧の中でタイトルを獲得したりタイトル争いできるレベルにまでに育つ選手を見ると、例えば巨人では期待されながらも力を発揮できず他球団に移籍した大田泰示《おおたたいし》は、仮に最初から巨人に入らず伸び伸びとやっていたとしても阿部、坂本、岡本級にはならなかった可能性が高いと考える。阿部、坂本、岡本の3選手は皆、自らの力でレギュラーを奪ったが、大田にはその機会がなかったことも大きい。レギュラーを取れそうな時に怪我で離脱したことも痛かった。

巨人の中軸を担う選手は、天性の才能は前提として、周囲からの重圧に打ち勝つ力やキャリアのターニングポイントで怪我をしないことも必要であり、それらを当たり前にこなすことが求められる。

## スターがいるからこそ引き立つ名脇役たち

原第二次政権では、鈴木尚広が長年にわたりチームを支えた。試合終盤の勝負所、代打の切り札である矢野《やの》謙次《けんじ》や高橋由伸らが出塁した際は、鈴木が代走として登場し、高い確率でホームへ帰ってきた。鈴木は原第一次政権の時にも見出されてはいたが、堀内監督の２年間はなかなか出場機会がもらえなかった。だが06年から出場機会が増え、キャリア初の20盗塁を達成。さらに08年にはシーズン途中からレギュラーに定着し、規定打席未到達ながらも３割30盗塁を記録し、ゴールデングラブ賞も獲得した。09年以後は代走の切り札として相手バッテリーにプレッシャーを与え続け、14年には一度も規定打席に達したことがない選手としては史上初の２００盗塁を達成した。また、シーズンＭＶＰの投票でも１位票３票を含む40ポイントの得票を得た。鈴木は最終的に代走での通算盗塁数の日本記録を樹立。08年のレギュラーとしての活躍から09年以後の代走のスペシャリストとしての役割は、原監督の起用法が際立っていた。

代打の切り札として強い印象を残したのは矢野謙次だ。守備に難がありレギュラー選手としては難しかったが、若手時代からいい場面で打点をあげるなど、代打に求められる少ないチャンスでの集中力には著しいものがあった。代打とはかつてのレギュラー選手が晩年に担うことの多い役割だが、矢野はキャリア中堅から代打で活躍し続けた点が特異である。13年には代打で53打数19安打、打率・358を記録。代打での19安打は球団新記録となった。

その後、現在の原第三次政権は増田大輝が鈴木の後継者として「代走の切り札」の役割を担い、確固たる存在となりつつある。大変貴重なスーパーサブであり、19年は代走としての活躍はもちろんのこと、優勝を決定づけるタイムリーを放った姿が脳裏に焼きついている。そして20年は開幕一軍を勝ち取り、終盤の勝負所で持ち前の走力や判断力を活かして貴重な得点を掴み取っていった。その象徴的な試合が、7月19日のDeNA戦だろう。1点ビハインドの最終回、丸佳浩の内野安打の際に二塁からホームまで帰るという神がかり的な走塁を見せた。

増田はその独特な経歴でも知られる。近畿大学に入学後、2年時に退学してしまい、一時期は地元の徳島でとび職をしていた。14年から地元の独立リーグ、四国アイランドリーグの徳島インディゴソックスに加入し、翌年のドラフトで巨人に入団（育成1位）した。その後三軍、二軍と着実にステップアップして19年、ついに一軍昇格を果たした。一軍レベルとしては打撃がやや物足りないものの、内外野を守ることができ、相手からすれば脅威としか言いようのないスピード感ある走塁は大きな魅力だ。プレーを通してハングリーさが伝わってくる選手でもある。そんな増田がチームの勝利や優勝に貢献する姿は、08年の山口鉄也や09年の松本哲也といった育成出身の選手が台頭した第二次政権時の「原イズム」を彷彿とさせる。

　増田の投入は、相手チームを焦らせることはもちろん、配球にも有利に働く。増田の盗塁を警戒するがあまりストレートの割合が高くなり、味方打者がヤマを張りやすくなる。他球団を見渡すと、ソフトバンクの周東佑京も近いタイプの選手である。20年はスタメン出場の機会が増えたが、19年のシーズン中やポストシーズン、日本代表として戦ったプレミア12などでは代走として登場し、相手チームの守備や配球を崩してチームを勝利に導いた。さらに、ロッテも20年は和田《わだ》康士朗《こうしろう》を試合終盤に代走起用する戦術をとった。セ・パの王者、そしてソフトバンクと途中まで首位を争った球団が揃ってこうした戦術をとっているのは注目すべきことである。他球団でも足に絶対的な自信のある選手がいる場合は、戦術的なオプションとして積極的に活用していくべきだろう。

## 元祖育成の星、山口鉄也

育成出身選手の代表例として忘れてはならないのが、山口鉄也だろう。キャリアを通して6度のリーグ優勝と2度の日本一を経験し、3度の最優秀中継ぎ賞を獲得。WBCの日本代表にも2度選出された。山口の凄さはなんと言っても、08〜16年と9年連続で60試合以上に登板した頑丈さだ。この9年間に5度リーグ優勝しており、00年代中盤の巨人軍が課題としていた、ブルペン陣の整備に大きく貢献した。

山口は8回や重要な場面での登板が多く、最終回を任せられる場面は実績のわりに少なかった。ただ実際、最終回に出てくる投手は「守護神」という言葉が先行して華やかなイメージを持たれているだけで、より高いスペックを求められるのはセットアッパーや「火消し役」である。その点、山口のずば抜けた力量を活かすためにこの役割は最適だった。

05年に初めて開催された育成選手ドラフトを経て、山口は巨人に入団。1年目の06年から育成選手ながらも二軍で結果を残したが、選手枠の問題で支配下登録は見送られた。07年に支配下登録されると一軍で32試合に登板し、プロ初勝利も記録した。08年はシーズン序盤か

**山口鉄也成績**

| 年 | 登板 | 先発 | 勝利 | 敗戦 | セーブ | ホールド | 勝率 | 投球回 | 奪三振 | 防御率 | WHIP |
|---|---|---|---|---|---|---|---|---|---|---|---|
| 2007 | 32 | 0 | 2 | 0 | 0 | 2 | 1.000 | 25.1 | 21 | 3.91 | 1.54 |
| 2008 | 67 | 0 | 11 | 2 | 2 | 23 | .846 | 73.2 | 69 | 2.32 | 0.99 |
| 2009 | 73 | 0 | 9 | 1 | 4 | 35 | .900 | 78 | 62 | 1.27 | 0,86 |
| 2010 | 73 | 0 | 8 | 3 | 5 | 20 | .727 | 88.2 | 85 | 3.05 | 1,08 |
| 2011 | 60 | 0 | 5 | 1 | 2 | 25 | .833 | 61.2 | 38 | 1.75 | 0,99 |
| 2012 | 72 | 2 | 3 | 2 | 5 | 44 | .600 | 75.1 | 68 | 0.84 | 0.72 |
| 2013 | 64 | 0 | 4 | 3 | 6 | 38 | .571 | 66.2 | 55 | 1.22 | 0.96 |
| 2014 | 60 | 0 | 4 | 3 | 2 | 35 | .571 | 56.1 | 42 | 3.04 | 1.44 |
| 2015 | 60 | 0 | 4 | 5 | 2 | 29 | .444 | 52.2 | 31 | 2.73 | 1.20 |
| 2016 | 63 | 0 | 1 | 6 | 1 | 19 | .143 | 48 | 28 | 4.88 | 1.25 |
| 2017 | 18 | 0 | 1 | 1 | 0 | 3 | .500 | 13.1 | 10 | 4.05 | 1.65 |
| 通算 | 642 | 2 | 52 | 27 | 29 | 273 | .658 | 639.2 | 509 | 2.34 | 1.06 |

ら先発陣が苦戦する中、越智大祐や西村健太朗とともにブルペンを支え、巨人史上初となる中継ぎ登板での二桁勝利を達成。リーグ優勝にも貢献し、育成出身選手として初の新人王を受賞するなど飛躍のシーズンとなった。育成から支配下に上がったこの数年、球速アップに加えてシュートとチェンジアップを習得して投球の幅が広がったことが活躍の鍵となった。身体の強さも際立つものがあり、点差が開いた場面での登板から接戦時や勝ちパターンでの起用へと「階級」が上がっていった際の負担も、モノともせずこなしていった。

09年は、ＷＢＣの代表に選出され、シーズンでもリーグ優勝と日本一に大きく貢献。中継ぎながらも、敗戦投手となるまでは前年からの14連勝および83試合連続で登板時の不敗神話を維持した。そしてこの年、育成選手として初の年俸1億円を記録（最終的には3億２０００万円まで到達）。その後も活躍を続け、12〜14年の3連覇にも主力として携わった。

## 今後の巨人に出てきてほしい選手たち

今後の巨人軍に出てきてほしいタイプは、松井や阿部のような「球界を代表する選手」だ。これまで連覇を成し遂げている各球団を見ると、必ずと言ってもいいぐらい、球界を代表する選手がいる。タレント性や代表での実績はもちろんだが、ペナントレースにおいて「圧倒的」な成績を残す選手が必要なのだ。

そうした核となる選手を輩出しつつ、上手く世代交代をしてスターの座を引き継いでいくことは令和の時代を勝ち抜くためにもポイントとなる。勝ち続けながら育てることは非常に難しいお題であり、長期政権はどうしても1人の主軸選手に頼りがちになっていく。勝ち癖を保ちつつチームを再構築していくことが求められる。

話がそれたが、今のＮＰＢで頭一つ抜けているのは柳田と鈴木誠也で間違いないだろう。柳田は15〜18年の4年間で2回の首位打者獲得やトリプルスリー達成を含み、4年連続でパ・リーグトップとなる出塁率・長打率・OPSを叩き出している。さらに20年もOPSは1・072を記録して自身5度目となるOPS1位を記録した。15～18年はポテンシャルや身体能力頼りの部分もあり、（高いレベルでの）粗さもあったが、18年からフォームが良くなり、再現性をさらに高めて文句なしの国内トップ選手となった。日本シリーズや日米野球といった大舞台でサヨナラホームランを放つなど、随所に勝負強さもある選手だ。怪我や故障などが原因で国際大会に縁がない点がもったいない。15年のプレミア12の時はシーズン終盤に怪我をして辞退、17年WBCもオフに手術した影響で辞退し、18年のプレミア12はシーズン中の怪我の影響もあり、選出されなかった。MVPを獲得した14年や18年の日米野球における活躍を見ると、WBCやプレミア12などの国際大会でどれほどの成績を残して活躍できるか興味深い。

左打者のトップが柳田なら、右打者のトップは鈴木誠也である。内《うち》川《かわ》聖一《せいいち》との自主トレを機に打撃が開花し、柳田同様に高打率を残しつつ長打力も誇る。元々は走力もある選手だが、17年の足の怪我によって走塁面のパフォーマンスは落ちた。とはいえ、ライトの守備は上手い。本音を言えば、巨人にも彼らクラスの選手が出てきてほしい。

スラッガーではないが、中村晃のように器用なタイプの選手もぜひ欲しい。コンタクト力に優れ、打順ごとに求められる役割への対応力は現役選手で抜けている。高い水準で内外野を守ることもできる。国際大会で三振0という記録も残しており、初見のボールにも瞬時に対応できる。さらに、場面によっては一発を狙い、長打を放つこともある。短期決戦での強さやここぞの場面での器用さ、守備のユーティリティ性を考えると、日本代表にも必要な選手だ。

## セイバーメトリクスの時代でも見逃せない「打点」の価値

近年はＷＡＲやＯＰＳといった数値が重視され、打点などの打撃成績は旧来的な指標として見られがちだ。しかし、どのような形であろうと、結局は得点を稼がないとチームは当然勝てないため、いわゆる勝負強さや打点を生み出す力は極めて重要である。そして、この能力に長けた選手はチームのキーパーソンとなる。

得点圏打率以上に勝負強さを見せている打者の代表例が、日本ハムの中田翔である。14～16年、18年、20年の5度１００打点を達成した。中田が１００打点以上を記録したシーズンの得点圏打率は次の通りである。

14年　.295
15年　.281
16年　.264
18年　.300
20年　.290
（参照：スポナビ）

ご覧の通り、１００打点に到達した5度のシーズンで得点圏打率が3割を超えているのは18年のみである。走者を置く機会の多い４番打者とはいえ、中田は得点圏打率の数値以上に打点を生み出す能力が高いのは確かだ。これはシーズンだけではなく、国際大会にも結果として表れている。15年のプレミア12では15打点、17年のＷＢＣでは8打点と、筒香嘉智の次を打つ5番打者としていずれもチームトップの打点を生み出した。打撃成績以上の頼もしさを感じさせる選手である。

ちなみに、中田の打点力の高さは彼が大阪桐蔭出身であることも関係しているだろう。高校時代から短期決戦の戦い方に慣れている印象が非常に強い。また、浅村栄斗《あさむらひでと》も二塁手ながら非常にレベルの高い打撃をする選手だ。近年は身体を大きくし、俊敏性は以前よりも落ちてきたが、パフォーマンスや年齢的に全盛期を迎えている。特に、西武在籍時に球団日本人野手初の3割30本１００打点を達成した18年シーズン以降は、球界全体で見てもトップクラスの打撃をしていると思う。20年も変わらぬ勝負強さと、これまで以上の力強さで本塁打王を獲得。晩年のキャリアに向けて打撃スタイルをパワーフォルム型に変えていっているように見受けられる。浅村もまた大阪桐蔭の出身であり、高校時代から築き上げられた勝負強さが強みである。

これまでの国際大会を振り返ると、安定して上位に勝ち進む力がある高校出身の選手は短期決戦の戦い方に慣れており、勝負所での力の入れ方が上手い選手が多く、国際大会や短期決戦でも難なく適応している。中田と浅村の成績は次の通りだ。

**・中田翔**

**プレミア12（15年）打率．４２９ ３本 15打点 ＯＰＳ１．３４９**

**ＷＢＣ（17年）打率．２３８ ３本 ８打点 ＯＰＳ１．０７４**

### ・浅村栄斗

**プレミア12（19年）打率．360　0本6打点　OPS．928**

中田は15年のプレミア12では文句なしの活躍をし、17年のＷＢＣでも成績以上に良い場面で打点を叩き出し、日本のベスト４進出に貢献した。浅村も19年のプレミア12で状況に応じた、洗練された打撃で大会ＭＶＰの鈴木誠也に次ぐ6打点を記録し、チームを優勝に導いた。

## ラミレスが「真の４番」だったわけ

前横浜ＤｅＮＡベイスターズ監督のアレックス・ラミレスも、打点を生み出す能力が高い選手の一人だ。実は、ラミレスは近年強打者の証とされているＯＰＳ１．０００をキャリアで一度も超えたことがない。一方で３割30本１００打点は5度達成している。ラミレスのＯＰＳが比較的低い原因は、出塁率にある。強打者は勝負を避けられたり、チームプレーの意識により出塁率が高くなるケースが多い。しかし、ラミレスは出塁よりも自らの打撃でチームを勝たせることを意識した打撃スタイルであった。そのため、従来の4番打者よりは出塁率が低い傾向にはあるが、早打ちで打点を量産していき、史上最長となる8年連続100打点を達成している。この打撃スタイルは落合博満氏からも「4番らしい4番」と評価され、ヤクルト・巨人・DeNAでチームの勝利に大きく貢献した。

現役外国人選手では、ウラディミール・バレンティンも素晴らしい。豪快な本塁打のイメージが強いと思うが、チャンスでなおかつ自身の集中力が高い場面では、非常に高いクラッチ力を発揮する。そうした場面が特に多く見られたのは18年だ。得点圏では、普段のように一発を狙いにいくのではなく、軽打でランナーを返していく打撃スタイルが確立されたシーズンだった。これまでに100打点以上を記録したのは13年と18年の2シーズンで、いずれも131打点と驚異的な数字を残している。バレンティンはムラっ気が激しいタイプではあるが、例えば17年WBCのように短期的に集中力が高まっているタイミングでは驚異的なパフォーマンスを残す。

巨人の中でこの役割を期待したいのは岡本だ。1年目の台湾で行われたウィンターリーグで打点王（打率・383 3本塁打 20打点）を記録し、2年目にはイースタン・リーグの打点王（打率・261 18本塁打 74打点）に輝いている。一軍では18年に100打点を達成し、

19年も94打点を記録した。20年はオープン戦から非常に良い状態だったことはもちろんだが、以前よりも「4番打者」として打点を生み出せるようになった。開幕当初の打撃が継続できれば、ワンランク上の選手になるだろう。現在は26歳で若手の部類に入るが、かつて広島の4番を担い巨人にも在籍していた江藤智のレベルには既に達しつつある。小久保裕紀のキャリアハイのような成績が理想像である。巨人の「4番サード」として長嶋茂雄、原辰徳に続く生え抜きスター選手の歴史を刻んでほしい。

余談だが、10年代中盤からは相対的に選手のレベルが上がっている。過去にも何人かはいたとはいえ、柳田や鈴木、大谷《おおたに》翔平《しょうへい》、山田のように長打が打てて走れる（しかもそれを複数年続ける）選手が、これほどまでに出てくるとは思わなかった。それまでは単年でのパフォーマンスに終わったり、身体を大きくするとスピードがなくなる選手も多かったが、ここ数年でそうした壁を難なく越えていく選手が増えてきた。20年代はこうしたプレースタイルに加えて、キャリアを通して怪我や故障をあまりせず耐久性を保ち続ける選手が出てきてもおかしくない。そうしたハイブリッドな選手の育成や発掘も必要になっていくだろう。

# 第5章

# 対パ・リーグの研究

ここまでの章でセ・リーグの他球団についてはある程度言及してきたが、パ・リーグにはほとんど触れてこなかった。だが当然、読者からすればそれでは物足りないだろう。なぜなら巨人は19・20年と直近のセ・リーグを連覇しているとはいえ、両年ともに日本シリーズでは福岡ソフトバンクホークス相手に4連敗している。加えて言えば、内容的にも完敗であった。巨人はパ・リーグのチームにどうやって対抗していけばよいのか、この章ではその糸口を考えたい。

## ソフトバンクに惨敗した日本シリーズ（19年）

お股ニキさんの著書『なぜ日本人メジャーリーガーにはパ出身者が多いのか』（宝島新書）にも詳しいが、近年はパ・リーグがセ・リーグに圧勝している。10年代の日本シリーズでは9勝1敗（唯一の勝利は12年の巨人）で、交流戦も09年を除いてパが勝ち越しており、セで通算勝率5割を超えているのは巨人のみの惨状だ。打者の体格差やスラッガータイプの数、スカウティング力、ドラフト戦略、育成、選手個人のセンス……などなど、10年代はパ・リーグが圧倒している。ここからは、19・20年の巨人対ソフトバンクの日本シリーズを見ていこう。

19年の日本シリーズでは、これまで通用していた巨人の戦い方が難なく攻略され、最終的には成す術なしの状態だったのは否めない。シーズンやCSでは山口俊やC・C・メルセデスら先発陣がゲームメイクした上で澤村、田口麗斗、大竹寛といった中継ぎ陣とクローザーのデラロサで逃げ切る勝ち方ができていた。だが、日本シリーズでは得点をあげられなかったことはもちろん、絶体絶命のピンチの場面でも抑えていた田口、大竹が難なく打たれ、中継ぎ陣で使える駒がいなくなってしまったのが痛手だった。さらに、シーズン中は坂本と丸がいつも劣勢や拮抗の展開を打開していたのだが、シリーズでは絶不調で打線もなかなか繋がる場面がなかった。

逆から見れば、ソフトバンクは巨人のキープレイヤーを1戦ごとにことごとく攻略していったと言える。地力に加えて、短期決戦ならではの「試合巧者」ぶりを発揮していた。千賀滉大、高橋礼は及第点以上の投球をし、救援陣も盤石のリレーで巨人打線は手も足も出なかった。巨人打線からしたら相手先発のリック・バンデンハークから先制点をあげた第3戦や、初回あまり調子が良くなかった和《わ》田《だ》毅《つよし》が投げた第4戦で攻め切れなかったのも大きな敗因だろう。ソフトバンク打線は巨人に先制点を与えたビハインドの展開でもメンタル面が揺らぐこともなく、難なく逆転する「勝者のメンタリティ」を存分に発揮した。特に第4戦以外はスタメンの内8人に代表選出経験のある選手を並べ、代打陣の中に首位打者獲得経験のある長谷川《はせがわ》勇也《ゆうや》、内川聖一や球界屈指のコンタクトヒッターである中村晃を要所で出すほどの選手層の厚さを見せた。

この年の巨人は、序盤に長期離脱をした吉川尚輝の穴が大きく、田中《たなか》俊太《しゅんた》や山本《やまもと》泰寛《やすひろ》をはじめとした若手二塁手ではワンランク上の相手に通用しない部分があった。当初の構想であった1番吉川尚輝、2番坂本、3番丸、4番岡本、5番亀井の並びに加えて下位打線に阿部慎之助はもちろんのことアレックス・ゲレーロやビヤヌエバ、陽《よう》岱鋼《だいかん》といった長打力のある選手を駆使して、ようやくこの日本シリーズで2勝できたかどうかのラインだったろう。

投手陣も、このシーズン高いパフォーマンスを残し日本シリーズでも及第点の投球をした山口俊、中盤まで安定して馬力のある投球ができるメルセデス、本来は不動のクローザーとして投げていたデラロサはある程度通用していたが、ワンランク上の打線に対して必要最低限の球威や球速が満たされていない投手は揃って攻略された。例えば山口俊や戸郷翔征のような「スラット・スプリット型」の投球をする選手を（それこそソフトバンク投手陣のように）増やしていくのも一つの手段だと思わせられた。18・19年の2年間は西武打線とソフトバンク投手陣がプロ野球界の中で頭一つ抜けた存在だったと言えよう。

## ソフトバンクに惨敗した日本シリーズ（20年）

リベンジを果たすために臨《のぞ》んだ20年の日本シリーズ、巨人はソフトバンクにまたもスイープされる屈辱を味わった。このシリーズで顕著に表れたのが「スカウティング不足」「打線の火力不足」である。初戦、ソフトバンクのエース千賀滉大に対して巨人打線は「ストレートの狙い打ち」という攻め方をハッキリと打ち出していた。しかし、そのストレートをほとんど捉えられずに7回3安打0得点と沈黙。巨人打線はシーズンを通して１５０km／h以上のボール、あるいはそれに近い強度のあるボールに手も足も出ずにいたが、千賀との対決を筆頭に、このシリーズでもそうした姿が随所で見られた（データ上では他球団と比較して相対的に打てていたものの、感覚値で見ると、水準以上のボールにコテンパンにされていたことは明白だ）。

19年は坂本勇人、丸佳浩、岡本和真の主軸の他に、阿部慎之助やアレックス・ゲレーロを

5番以降に置くことができ、要所での長打や一発が期待できるだけでなく、相手へのプレッシャーを与えることができた。だが20年の5番以降は、元パ・リーグの選手でもあるゼラス・ウィーラーや中島宏之こそ置けたが、阿部やゲレーロと比較すると火力不足は否めなかった。阿部はコンディションさえ充分なら千賀からホームランを放ち森《もり》唯《ゆい》斗《と》からもヒットを打つなど、キャリアの最後とは思えない程の打力を見せていたから、なおさら不在が目立った。打線の分厚さや打順の変え時、その他の起用法は19年の方がまだ良かっただろう。

　また、単純な火力不足だけでなく戦略面でも後手に回ったと言える。具体的には、2戦目に先発した石川《いしかわ》柊《しゅう》太《た》に対し、巨人打線はタイミングが全く合っていなかった。シリーズ前に、ソフトバンクに対する研究や対策がきちんとできていなかったのではないだろうか。12〜14年に一軍の戦略コーチなどを務めた橋上秀樹氏が在籍していた時の巨人のスタイルは「弱者の戦い方」とも称され、球団の色に合わないとも言われていたが、短期決戦でソフトバンクとの大きな実力差を埋めるためには、ある程度の戦略を用意する必要があったに違いない。

　加えて、このシリーズの巨人はピーキングに失敗しており、シーズン後半から下降していた選手の調子を戻せていなかった。シーズン中盤まで鉄壁だった守備も、後半戦の乱れを引きずるかのように、2戦と3戦目に崩れるシーンが見受けられた。投手陣を中心としたディフェンス力で試合終盤まで接戦に持ち込み、セ・リーグトップの得点圏打率を活かして要所で得点して勝利する終盤力でリーグを制したが、それもシーズン後半からはなりを潜めており、そしてシリーズでもついぞ、そうした巨人らしさを見ることは叶わなかった。戦略面はもちろんのこと、単純に選手個々のピークが過ぎていたことも、接戦にすら持ち込めなかった要因である。フルシーズン、そして短期決戦まで安定感の続く守りを築き上げることが、来年以降の日本一奪還に向けた課題だ。

一方、明るい兆しが全くなかったわけでもない。高卒2年目の戸郷翔征は、素晴らしい投球を見せていた。「スラット・スプリット型」の投球スタイルで今シーズンは9勝を挙げて、広島の森下暢仁と新人王争いを繰り広げた。エースの菅野智之も、通算100勝を達成した試合のヒーローインタビューで、「戸郷にもそういうところを目指して頑張ってほしいという思いでいます」と名指しするほどの選手だ。初のフルシーズンの稼働ということもあり、シーズン終盤は調子が下がったが、日本シリーズで、敢闘選手賞を獲得する活躍を見せた。21年以降にメジャーへの移籍もありえる菅野に次ぐエースとして期待大だ。

また、他に個人名をあげるとすれば大城卓三にはもう一皮むけてほしい。シリーズ初戦、菅野が栗原《くりはら》陵矢《りょうや》に先制2ランホームランを打たれたが、これは大城のリードにまだ課題があることを示している。２球連続でインハイのスライダーを要求したが、パ・リーグの左打者に対しては良くない選択であり、間違いなく被弾あるいは長打を浴びやすいボールだった。小林誠司のレベルまでとは言わないが、リードを含め捕手としての総合的なディフェンス力を向上させてほしい。

## 役者揃いのソフトバンク

一方でソフトバンクに目を移すと、20年のシリーズも役者揃いだった。投打の柱である千賀と柳田はもちろんのこと、日本シリーズＭＶＰの栗原や、初見のボールにも上手く合わせられ、短期決戦に強い中村晃といった選手の活躍が見られた。

特に中村は第4章でも取り上げた通り、コンタクト力と打順ごとに求められる役割への対応力が現役選手の中でも図抜けている。この中村に加えてジュリスベル・グラシアル、周東佑京といった代表クラスのユーティリティプレイヤーが複数人いることが圧倒的な強さの源となっている。

投手陣も、東浜巨《ひがしはまなお》がコンディション不良のため登板しなかったが、それでも投手３冠のエース千賀、２冠の石川を軸に、新外国人マット・ムーア、百戦錬磨のベテラン和田毅という左右のバランスも良い４本柱が揃う。ブルペン陣もクローザーの森や最優秀中継ぎ投手のリバン・モイネロを中心に、嘉弥真新也《かやましんや》、高橋礼、泉圭輔《いずみけいすけ》、松本裕樹《まつもとゆうき》、杉山一樹《すぎやまかずき》などが並び、力強さとバリエーションともに盤石だった。工藤公康監督も19年まで見られていた適材適所ではない打線や投手起用が改善され、真の王者に相応しい姿を感じられた。

## セ・リーグへの環境最適化から脱せよ

巨人は20年のシーズンと日本シリーズの戦い方を比較した時、「セ・リーグ相手に勝てる戦い方」の型にはまりすぎた印象がある。広島と巨人を通じてセ・リーグ５連覇を果たした丸佳浩と、本塁打王と打点王の２冠に輝いた岡本和真がまさにその典型だ。

丸に関しては、ソフトバンクが短期決戦における抑え方をマスターしているようにも見えた。実際、19年の交流戦のソフトバンク戦でこそ打率・４６２を記録した丸だが、18年からの日本シリーズにおける成績は次の通りである。

18年　打率．160　1本塁打　3打点　OPS．545
19年　打率．077　0本塁打　1打点　OPS．404
20年　打率．133　0本塁打　0打点　OPS．321

丸もおそらく、以前（14〜17年）の打撃スタイルなら対応力もあったのでここまで落ち込まなかったのかもしれないが、18年に完全にパワーフォルム型へ移行してからは、打撃が凝り固まった感は否めない。さらに、セ・リーグでは少ないタイプの水準以上の速球や「スラット・スプリット型」の投手には全く太刀打ちできていない。ワンランク上の選手になるには、苦手である落ちる球を軸とする投手への対応力が求められる。

岡本和真も、セ・リーグに最適化されすぎた可能性がある。オープン戦から開幕当初は調子も良く、4番らしさがあった。しかし、こちらも水準以上の速球に対しては完璧に抑え込まれるシーンが目立った。丸と同様に岡本もキャリアで唯一3割を残した18年のような打撃の柔らかさは陰を潜めており、半速球や緩い球を長打にする打席が多い。4番打者として四球ではなく打点を狙っていくことはもちろん、内川聖一や谷佳知のような柔らかさと持ち前のパワーを両立させた選手へと進化してほしい。現在の戦力でリーグ連覇まではできたものの、日本シリーズでは変わらず力負けをしたわけなので、戦力の底上げは不可欠である。

投手陣に目を向けると、試合中盤まで安定して馬力のある投球ができるＣ・Ｃ・メルセデスの不在は痛かった。メルセデスは長いイニングを投げるスタミナに不安材料があるものの、スロースターターではないので、５回までのゲームメイク能力は巨人先発陣の中では抜けている。シーズンより比較的早い段階から救援陣を注ぎ込むことができる、短期決戦に向いたタイプだ。実際、19年のポストシーズンではシーズン以上の活躍を見せている。

**Ｃ・Ｃ・メルセデスの19年ポストシーズン成績**

| | | | | |
|---|---|---|---|---|
| 阪神戦 | ７回 | ６奪三振 | 被安打３ | 防御率０.００ |
| ソフトバンク戦 | ６回 | ３奪三振 | 被安打１ | 防御率０.００ |

しかし、そのメルセデス的な役割を代わりに任された今村信貴《いまむらのぶたか》は、球威不足が露呈して初回からソフトバンク打線に捕まり、２回を持たずにＫＯされた。20年シーズンの投手陣を見ると、９月中旬までの良好なコンディションという前提にはなるが、菅野智之や戸郷翔征を

軸にローテを回していき、メルセデスのような5回までゲームメイクできる投手を3番手で出していくのが理想形だっただろう。それらの試合で盤石な状態のブルペン陣を起用できたら、2勝ぐらいまでは計算できたかもしれない（裏を返せば、それでも3勝以上は難しいだろう）。

リーグ別で見てもパ・リーグが13年から8年連続で日本シリーズを制しており、セ・パの実力差は歴然としている。巨人だけではなくセ・リーグ全体で危機感を持ち、実力差を一歩ずつ縮めていかねばならない。

## 交流戦でソフトバンクに勝ち越した17年に眠るヒント

17年はシーズン4位に終わったが、エースである菅野、マイルズ・マイコラス、田口麗斗ら強力な先発陣が揃っていた。最多勝・最優秀防御率の2冠を獲得し、自身初の沢村賞にも輝いた菅野はもちろんのこと、マイコラスも非常に良く、強度のあるストレートとバットに当たっても凡打になるスラッターを擁し、キャリアハイとなる14勝8敗 187奪三振 防御率2・25の成績で最多奪三振を獲得した。田口も13勝4敗 防御率3・01の好成績を残したし、ＤｅＮＡから移籍してきた山口俊も交流戦から復帰している。

この年リーグ優勝と日本一を成し遂げたソフトバンクに唯一勝ち越したのが、交流戦の巨人だった。マイコラスと田口は当てずに、エース菅野と、完璧な投球を見せた山口で２勝した。特に、山口は復帰試合で６回をノーヒットピッチング。その後、マシソンとカミネロも抑えて継投ながらもノーヒットノーランを達成した。

短期決戦では、馬力がありながらも一定のイニングを任せられる投手が２枚以上いると、戦い方を計算しやすくなる。17年の巨人では菅野とマイコラス、山口がそのレベルに値していた。当時ローテーションを守っていた田口は、シーズンを投げ抜く力はあったが、短期決戦で任せられる馬力は感じられないため、19年や20年のシーズン終盤のように、オールラウンドに投げる役割が合っているだろう。

ローテーションの柱が複数確立されていた他球団の代表例は、05年のソフトバンクとロッテだろう。ソフトバンクは斉藤和巳、杉内俊哉、和田毅、新垣《あらかき》渚《なぎさ》と二桁勝利が４人いたし、ロッテも渡辺《わたなべ》俊介《しゅんすけ》、清水《しみず》直行《なおゆき》、小林《こばやし》宏之《ひろゆき》、ダン・セラフィニという規定投球回数に到達した４人の投手、加えて二桁勝利を挙げた久保《くぼ》康友《やすとも》と小野《おの》晋吾《しんご》もおり、合計６枚を計算できた。

また、13年の楽天は田中将大と則本《のりもと》昂大《たかひろ》を中心にローテーションを回して＋αで美馬《みま》学《まなぶ》が勝利を挙げていく形で短期決戦を戦い抜き、日本一に輝いた。

20年の巨人が同じことをやるならば、菅野と戸郷を軸にC・C・メルセデス、エンジェル・サンチェスを回していき、試合中盤からは中川皓太と大竹寛の左右2枚や高梨雄平らをつぎ込み、相手をねじ伏せる流れが理想だった。

## 原巨人の交流戦勝ち越し＝リーグ優勝のカラクリ

余談だが、原政権下での巨人は、交流戦で勝ち越したシーズンは必ずリーグ優勝している。そもそも、セ・リーグの球団で複数回の交流戦優勝を果たしているのは巨人のみだ。

12年は2連戦形式を上手く活用し、内海、杉内、澤村、デニス・ホールトンを中心にローテーションを回して優勝を果たした。内海がＭＶＰに輝き、杉内も日本生命賞を獲得するなど盤石な先発陣で、澤村もソフトバンク戦で試合中盤までノーヒットピッチングをするなど活躍した。この年は、投打ともにパ・リーグの球団を圧倒できる力があった。

14年は、交流戦で最下位に終わった広島と11位の阪神に一気に差をつけられたことが非常に大きかった。投手は小山雄輝、野手は亀井善行（ＭＶＰ獲得）が大活躍した。交流戦優勝

**巨人の交流戦成績（原監督就任時）**

| 年 | 交流戦順位 | 試合 | 勝利 | 敗北 | 引分 | 勝率 | チーム打率 | チーム防御率 | リーグ順位 |
|---|---|---|---|---|---|---|---|---|---|
| 2006 | 11位 | 36 | 13 | 23 | 0 | .361 | .257 | 3.93 | 4 |
| 2007 | 2位 | 24 | 15 | 9 | 0 | .625 | .284 | 3.10 | 1 |
| 2008 | 4位 | 24 | 14 | 10 | 0 | .583 | .259 | 3.57 | 1 |
| 2009 | 5位 | 24 | 12 | 9 | 3 | .571 | .277 | 3.10 | 1 |
| 2010 | 7位 | 24 | 12 | 12 | 0 | .500 | .251 | 4.39 | 3 |
| 2011 | 7位 | 24 | 10 | 13 | 1 | .435 | .229 | 2.33 | 3 |
| 2012 | 1位 | 24 | 17 | 7 | 0 | .708 | .269 | 2.29 | 1 |
| 2013 | 3位 | 24 | 13 | 10 | 1 | .565 | .266 | 2.75 | 1 |
| 2014 | 1位 | 24 | 16 | 8 | 0 | .667 | .255 | 2.82 | 1 |
| 2015 | 11位 | 18 | 7 | 11 | 0 | .389 | .244 | 2.95 | 2 |
| 2019 | 3位 | 18 | 11 | 7 | 0 | .611 | .257 | 3.34 | 1 |

した年以外では07～09年、13年、19年で勝ち越しており、勢いそのままにリーグを制している。パ・リーグとのレベル差ゆえに、セ・リーグの他球団が交流戦でなかなか勝てていないことも大きいだろう。少なくとも今後5年くらいはパ・リーグ優位の構図は変わらないだろうから、交流戦は引き続きシーズンを占うものになると思われる。

## 横綱野球と試合巧者の融合

　短期決戦の慣れという意味では、やはり「負けたら終わり」の高校野球が参考になる。調子が悪い投手は即座に変えねば致命傷になりかねない。例えば18年に春夏連覇した大阪桐蔭は選抜の際、調子の上がらないエースの柿《かき》木《ぎ》蓮《れん》ではなく、根《ね》尾《お》昂《あきら》を重要な試合や場面で投入。逆に夏は柿木の方が投手としてのコンディションが上がっていたため、準決勝からは柿木に任せて連覇を果たした。19年の夏を制覇した履正社もエースの清水《しみず》大成《たいせい》に固執せず、当時2年生ながらも抑える確率のより高かった岩崎《いわさき》峻典《しゅんすけ》を決勝の終盤にマウンドへ上げた。

短期決戦では、スマートさや形の良さではなく、勝利へのこだわりを最優先にした采配ができるかどうかが鍵となる。17年から日本シリーズ4連覇中のソフトバンクの投手起用は、短期決戦ではかなり理にかなっている。豊富な救援陣をハイペースに注ぎ込む形は、シーズンでは選手を疲弊させてしまうものの、短期決戦では相手を抑え込む確率が最も高い。これだけの結果に結びつくのももっともだ。

## PPM理論で考える戦力移行

ここまで読んでいただいた方はお気づきかと思うが、巨人がソフトバンクと対等に戦うためには、細かな理屈以前にそもそもの地力、底力で負けてはならない。

10年代初頭まではチームに足りない部分をピンポイントで補強できさえすれば、日本一に近づくことができた。実際、11年オフに杉内と村田、ホールトンを獲得するとすぐさま12年に日本一を決めた。だが13年の日本シリーズで楽天に競り負けて以降、補強だけで日本一になれる世界ではなくなっている。

ソフトバンクの場合は、補強はもちろんのこと、育成から戦略面まで隙のないチームになっている。補強と育成の両面からチームを強化する戦略は、企業の経営戦略でよく使われるプロダクト・ポートフォリオ・マネジメント（ＰＰＭ）と類似する部分がある。

ＰＰＭとは、アメリカのボストン・コンサルティング・グループが70年代に提唱した理論だ。企業のそれぞれ独立した事業において、利益の出しやすさ、投資の必要性などの観点から経営資源の余剰を見出し、どこにどれだけ分配するかを決定するために用いられるものである。各事業は、市場成長率と市場におけるシェアという2つの軸を基に4つの象限にプロットされ、それぞれ「花形（Star）」「問題児（Question Mark）」「負け犬（Dog）」「金のなる木（Cash Cow）」と呼ばれている。

野球の場合、「花形」は伸び盛りの若手有望株やスター選手だ。問題児は、若手で素質はあるものの、伸び悩んでいる選手である。ここでは「挑戦枠」と名づけて進めていく。「負け犬」は「早期撤退枠」を意味しており、引退間近のベテラン選手である。「金のなる木」

PPM理論のイメージ

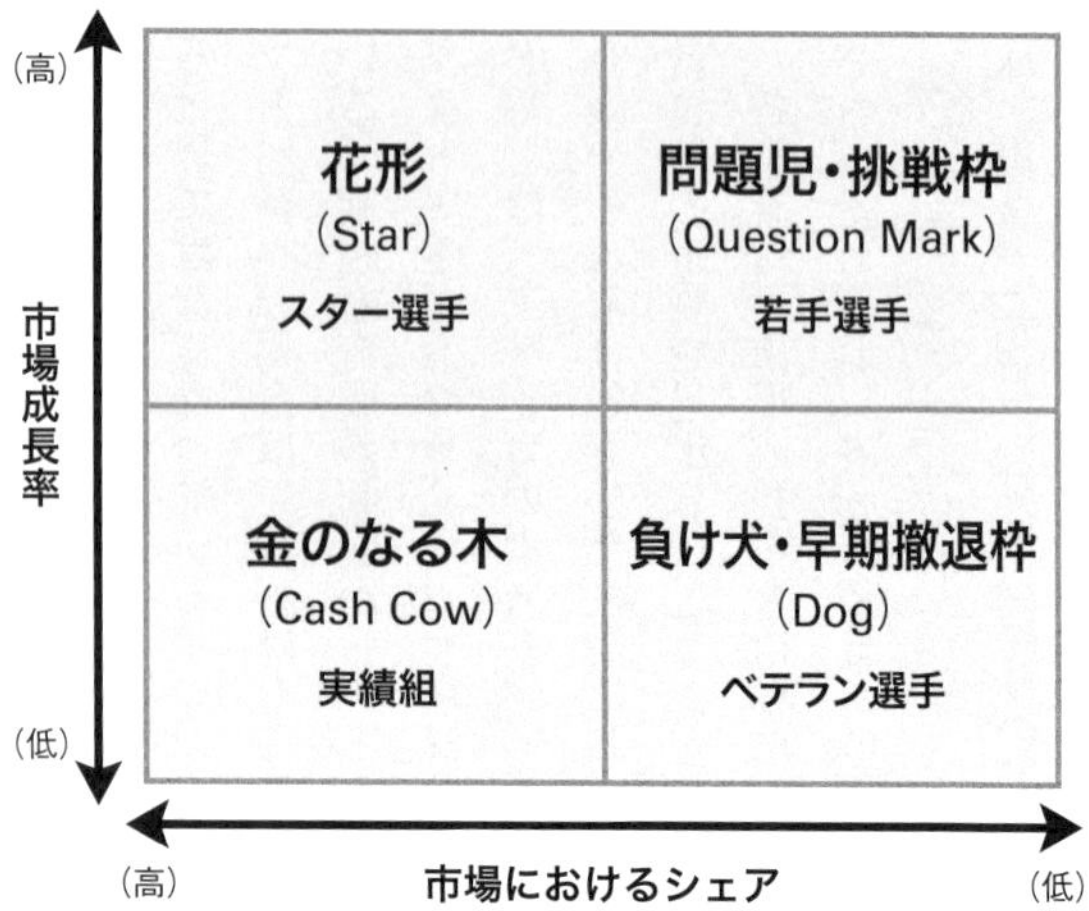


は、中堅からベテランまでの年齢で実績のある選手だ。このように、野球選手の育成方針にもきれいに当てはめることができる。

巨人で例えると、歴史的な逆転優勝に注目の集まった08年がわかりやすい。「金のなる木」すなわちチームの稼ぎ頭は小笠原とラミレス、グライシンガー、クルーンが担い、「花形」を阿部や内海などチームの顔となりつつあった中堅が担った。そしてこの年は何より、「挑戦枠」つまり若手の躍動が凄かった。坂本や山口、越智、西村だけでなく寺内《てらうち》崇幸《たかゆき》、隠善智也《いんぜんともや》、加治前竜一《かじまえりゅういち》、さらには鈴木尚広、亀井の躍進が目立った。また、大道や木村拓也、ロッテから戦力外となり加入後に復活した藤田宗一がベテランながらもいい味を出し、リーグ優勝を飾った。

現在、こうした戦力の流動化を滑らかに行っているのがソフトバンクである。長期間にわたりチームを引っ張る柳田と千賀を中心に、東浜、石川、和田、嘉弥真、モイネロ、森、グラシアル、松田、中村晃らが「金のなる木」であり、花形商品の若手スター選手枠が周東と栗原だ。「花形」を目指す「挑戦枠」の選手も松本、泉、杉山、板東《ばんどう》湧梧《ゆうご》などゴロゴロと眠っている。「早期撤退」の枠は、20年まで在籍していた内川やベテランの長谷川だ。こうして見ると、かつての「花形」が「金のなる木」に、そしてやがては実力面では衰え、撤退枠へと移行していることがわかる。撤退枠と言うと聞こえは悪いが、その中でもいぶし銀のプレーを見せ、精神的支柱としてチームを支え、キャリア晩年もキープレイヤーの一人となっている。

## 小久保と松中が衰えた00年代後半の反省

ソフトバンクのこれほどまでの滑らかな戦力流動化には、小久保や松中が衰えを見せ始めた00年代後半に優勝から遠ざかったことへの反省が活かされているように思う。特に、08年は北京五輪の影響があったとはいえ最下位に沈んだ。10年はリーグ１位となったが苦手なＣＳでロッテの前に敗退し、このオフに起爆剤として横浜から内川聖一を獲得した。それもあり11年は圧倒的な強さでリーグを制し、ＣＳも勝ち進んだ。念願の日本シリーズでは、落合博満氏の統一球を活かした野球に苦しめられたが、４勝３敗でプレーオフ・ＣＳ導入後初の日本一に輝いた。

しかし、この年のオフに杉内やホールトンが巨人に移籍し、和田もメジャーへ行ってしまった。ここでエースの座が、中継ぎから先発に転向して結果を残していた攝津《せっつ》正《ただし》へと移り、12年は沢村賞を受賞するなど大車輪の活躍を見せた。一方で野手は、小久保と松中がいなくなり、川崎《かわさき》宗則《むねのり》もメジャーに移籍。12・13年は内川と松田、長谷川、外国人がメインだったが、３位と４位という結果だった。まだＰＰＭ理論のような体制が完成されていなかったことがうかがえる。なおこの頃、二軍で柳田と中村晃が伸びてきている。

14年からはご存知の通り、投打にわたりほぼソフトバンク一色の時代だ。攝津には衰えが見え始めたものの、ローテーションで足りない部分をジェイソン・スタンリッジと中田賢一が埋める形で勝利を積み重ねた。武田《たけだ》翔太《しょうた》や大隣《おおとなり》憲司《けんじ》といった若手や中堅どころも機能したし、救援陣の枚数も盤石だった。ただ、現在のような勝ち慣れた安定感はなく、最終戦までもつれたがリーグ優勝と日本一に輝いた。15年からは柳田を中心に打線が機能するように作り上げられ、先発陣は二桁勝利が毎年、複数人出てくる状態だ。16年からは千賀が中心となり、２番手以降も充実している。

ちなみに10年代後半で唯一優勝を逃した16年もチームとしては83勝を記録しており、優勝してもおかしくない成績だった。大谷翔平を擁する日本ハムの勢いが神がかっていたと言える。ソフトバンクは高いレベルで流動していく選手層と育成力、弱点や不足している箇所をピンポイントで獲得する補強力の全てが図抜けている。09年の巨人で小笠原とラミレスが軸となり阿部と坂本が成長したように、生え抜き組の柳田と中村晃、補強組のアルフレド・デスパイネとグラシアルらが軸となり、栗原や周東が成長した。

## MLBでも通用するレベルだった20年のソフトバンク

そして昨シーズン、20年のソフトバンクは、ＮＰＢの歴史上でも屈指の強さだった。チームとしてはＭＬＢでも通用するレベルだ。千賀と石川が１２０試合制ながらも二桁勝利でタイトルを獲得し、東浜やムーア、和田も控えている層の厚さはまさに、05年の斉藤、杉内、和田、新垣の先発陣に等しかった。さらに若手投手もローテーションで結果を残すなど、勝利を重ねながら投打の戦力流動化が進んだ。19年と比較すると、二桁勝利を挙げていた高橋礼が中継ぎに回り、高橋純平《たかはしじゅんぺい》と甲斐野央《かいのひろし》は怪我で登板がなかった。それでも杉山一樹や泉圭輔など、戦力をカバーする若手選手が出てくるのがすさまじい。

育成枠という視点で見ても、20年の時点で千賀、石川、リバン・モイネロ、二保旭《にほあきら》、大《おお》竹耕太郎《たけこうたろう》、甲斐拓也《かいたくや》、牧原大成《まきはらたいせい》、釜元豪《かまもとごう》、周東など一軍出場選手からタイトルホルダーまでを育て上げている。00年代後半の巨人も育成出身の山口や松本といった選手が新人王を獲得したり、現在も増田やメルセデスなどを輩出しているが、機能する戦力としては間違いなくその倍以上を生み出している。まさに補強と育成のバランスが絶妙に取れているからこそ、NPBで10年近くの間トップを走っているのではないだろうか。ソフトバンクの成功例からは、球団経営から選手育成、起用法のタイミングの全ては繋がっていることがわかる。もちろん豊富な資金という側面もあるが、それを上手く流動的に活用できるかどうかも、これから先もずっと、常に勝ち続ける王朝を築くための鍵であるだろう。

## 巨人がレベル差を埋めるためにやるべきこと

巨人がパ・リーグの球団とのレベル差を埋めて日本一を奪還するには、まず絶対的な水準を引き上げる必要がある。身もふたもないが、ソフトバンクはとにかく球が速い。12球団トップである。しかも、そのレベルの投手が一軍の枠に収まらない数いるのだ。その相手を打ち崩すには、野手陣が水準以上の速球に対応することが必須条件である。

20年の巨人は、セ・リーグのエース級の水準以上の速球には差し込まれるケースが多々あった。特に、岡本は状態の良い時は対応できるフォームだったが、調子が下がると内角のボールはもちろんのこと、水準以上の速球には手も足も出ず、抜け球や半速球にしか対応できなかった。一つ目のステップとして、速球をきちんと跳ね返す能力の向上は必須だ。

また、打線の総合的な火力を上げることも求められる。繰り返しになるが、19年の巨人は一発があるアレックス・ゲレーロを5番以降にまだ置けていたが、20年にはそれができなかった。逆にソフトバンクは下位打線にアルフレド・デスパイネを置けるぐらいのオーダーを組めた。どの打順でも器用に熟せる中村晃の存在や、シーズン中に成長した栗原陵矢を5番に置けたことも大きい。野手は坂本、投手は菅野というトップクラスのコアがいる上で、厚みを持たせねばならない。当たり前すぎる話だが、核となる選手を育成し、脇役も揃えて、総合力を底上げしなければ戦いにならないのだ。

# 第6章

# 球団経営と選手育成の変革

この章では監督やコーチなどのスタッフ、外国人選手の補強戦略といった、よりマクロな視点から巨人軍の現状を考察していきたい。

## 前衛と後衛のバランスを持つ原辰徳

まずは、現チームを指揮する原辰徳監督からだ。本書では原監督の良いところをたびたび取り上げてきたが、やはりバランス感覚に優れていると感じる。

第三次政権初年の19年シーズンでは、2番から5番打者で軸を作りつつ、その前後は若手や一発のある外国人も抜擢。また、阿部慎之助などのベテランは代打などを任せつつ、大事な試合ではスタメン起用もあった。大差がつけば主力は下げ、より多くの選手を使う。健全なオーダーで試合前半はほっといて、後半は迷わず代打・代走のカードを切って勝負していく。

2番に坂本や丸を置くオーダーは、15年のヤクルトが2番に川端慎吾を置き、3番山田、4番畠山《はたけやま》和洋《かずひろ》の並びを作って優勝したことも影響しているだろう。同様に坂本、丸、岡本は崩さず、あの年のヤクルトでは比屋根《ひやね》渉《わたる》や上田《うえだ》剛史《つよし》だった1番が吉川や亀井になるわけで、上出来な打順の組み方だろう。

原氏が復帰する前の18年の巨人は坂本を１番で起用していたが、その前後に座る選手を含め悪手だった。貧打の８番小林、９番の投手と、小回りが効くイメージの２番打者として置かれていた若手の吉川尚輝や田中俊太に挟まれていたのだ。このシーズン、坂本の申告敬遠はリーグトップの10個だった。

例えば、下位打線が稀に出塁し、投手の送りバントでランナーを得点圏に置いて坂本に回ってくるシーン。この時、後ろに控えるのはまだ若い経験不足の打者で、しかも打順による不要な制約を背負っているため、選手本人の良さが消えてしまいあまり打てないと判断される。坂本と勝負するのは損だから敬遠され、ここで２番に代打を出すまでが当時のお約束だった。自分で出塁もできれば走者を返すこともできるオールラウンダーの坂本は、多くの打席が回ってきて走者が出ている確率も高い２番か３番に置いて、後ろは成長著しい岡本和真が坂本をプロテクトするのがまっとうな考えだった。しかし、２番坂本は少しだけ試したもののすぐ元に戻ってしまった。

原政権では、選手の調子が悪い時期や施策の効果を見る時期でも、坂本もしくは丸を２番打者から外さなかった。このような柔軟性や外せないポイントを見極める力は他球団の監督を上回っており、巨人軍の強みとなっている。

投手起用を見ても「原イズム」は随所に表れている。第一次政権では、河原をクローザーに任せてブルペン陣を整備。第二次政権でも上原をクローザーに回したり、圧倒的なボールや制球力が重要で、能力的には最も高いものが要求される8回や火消しの役割に山口を起用する滑らかな対応も見られた。

また、20年に大きな話題となった場面が、野手である増田大輝の投手起用だ。8月6日の阪神戦、11対0という大差で負けている展開の中で増田をマウンドに上げる起用に賛否両論の声があがった。個人的にはもちろん賛成である。投手を無理に使わない手段としてメジャーリーグではよく見る場面であり、イチローや青木《あおき》宣親《のりちか》も登板したことがある。実際、この試合の巨人は勝ちパターン級の投手を出さずに試合を進め、コマ数が足りなくなって増田に投げさせたわけだ。決して相手を下に見ているのではないし、投手の登板過多を避けるためとエンタメ性も含め、今後は増えてしかるべきだろう。

さらに、シーズン中盤には戸根千明の打力を活かすために、一軍ではないものの二刀流での起用もあった。ちなみに原監督は第一次政権の02年にも、投手ながら打力に定評のある桑田真澄を代打で起用したことがある。桑田は見事に初球でバスターを成功させ三遊間を抜くヒットを放ち、打線が繋がりを見せてチームは接戦を制した。この年の桑田は34歳ながらも打率．294 1本 9打点 OPS．798を記録するなど、野手顔負けの成績を残した。

鉄板で押さえるべきセオリーは押さえ、前例のないことにも挑戦する。こういう保守と革新のバランスに優れた思考を今後も保ってもらい、未来の監督にも引き継いでほしい。

## 監督以外の陰の功労者たち

ここからは監督以外のスタッフに注目してみる。

巨人の首脳陣で革新的な働きをした一人が、橋上秀樹氏である。選手時代とコーチ初期に野村克也氏の下で戦った、いわばID野球の申し子だ。指導者としては、野村氏、原氏の参謀役としてはもちろんのこと、WBCの日本代表でも戦略コーチとして貢献した。野村氏が作り上げた「弱点をつく」「より確実な手段を選ぶ」野球を（しかも野村氏がライバル視していた巨人に）導入したコーチと言っても過言ではないだろう。12年の圧倒的な強さを見せつけたチームの「陰の功労者」とも言われた。

橋上氏が入閣する直前、11年の巨人軍は、小笠原やラミレスの衰えに統一球の影響などもあり、チーム打率が前年の．２６６から．２４３へと下降した。橋上氏曰く「幸いなことに、ジャイアンツには、12球団でも一、二を争う情報収集能力があった」そうだが、情報の活かし方が明確になっておらず、選手のポテンシャル頼りな部分が見受けられた。11年オフに設立された「戦略室」に所属することになった橋上氏は、精密なデータを言語化し再現性を持たせる力が認められ、阿部だけでなく長野、坂本といった主力選手からも信頼を勝ち取った。

橋上氏が巨人に持ち込んだのは、「野球の考え方」だ。これはつまり、データを的確に読み解き、効率良く自分の準備に応用していくことである。大切なのは、打席に入るギリギリまで、状況に応じて必要なパターンを用意することだ。巨人にはそもそも「戦略コーチ」というポジション自体がなかったが、そのプレッシャーにも臆することなく期待に応えた。狙い球を絞った打席では見逃し三振を容認することで、四球を増やし、チーム打率も．２５６に改善させ、リーグ優勝と日本一に貢献した。統一球という野手が不利な状況の中、３割打者を３人（阿部、坂本、長野）輩出したのは流石の一言だ。

現在はスコアラーの志田《しだ》宗大《むねひろ》氏が戦略面を担っている。志田氏は17年のＷＢＣでも、監督である小久保氏から絶大なる信頼を得て、スコアラーを担当した。橋上氏の退団後は戦略面を課題としていた巨人首脳陣の弱点にメスを入れたといったところだろう。その結果、18年はベテランに差し掛かった亀井や阿部の復活や若手を中心に打撃力が向上し、19・20年の連覇に繋がった。ただ、リーグ内でのスカウティングには優れていたが、日本シリーズではスカウティングが機能していなかったように見えた。実力が格段に上のチームに対して戦うかうためにはセ・リーグ王者としての戦い方と弱者の戦い方を融合していくことも必要だろう。

阿部の恩人としても紹介したが、巨人で長らく打撃コーチを務めた内田順三氏は「ダメと言わない」指導方針が特徴であった。03〜05年は広島の一軍打撃コーチへと籍を移していたが、オフに原氏から「内田さん、今度こそ思っている野球がやりたい。だから優勝したいんです。力を貸してください。お願いします」と再入閣を乞われるほど信頼は厚かった。松井秀喜や高橋由伸、阿部といったビッグネームを育て上げているのも納得である。

かつての投手コーチでは小谷正勝《こたにただかつ》氏は球界随一の腕を持ち、ベイスターズ時代には「大魔神」佐々木主浩や三浦大輔を育て上げ、ヤクルトでは石川雅規、五十嵐亮太《いがらしりょうた》らをトップクラスになるまで指導した。05年に巨人へ入閣後は内海や山口、越智、ゴンザレス、さらにはウィルフィン・オビスポまでも資質を見抜いた上で指導し、投手王国を作り上げた。上原が不調の時期に、二軍でフォーム修正などもしていたことで知られる。選手起用と言うよりは、種をまき花を咲かせる育成に長けた指導者だった。

現在のフィールド内の指導者では、19年オフの石井《いしい》琢朗《たくろう》氏の入閣が大きかった。高橋由伸政権における井端弘和のような立ち位置で、吉川尚輝らのポテンシャルを引き上げる手腕を見せている。現役時代は守備の名手のイメージが強かったが、広島で打撃コーチを担当した16・17年にはチーム打率・本塁打・得点でリーグ１位、18年はヤクルトをチーム打率１位に導いている。巨人入閣１年目の20年もチーム打率こそリーグ３位ながら、本塁打と得点は１位を記録した。広島３連覇の立役者の一人が、巨人軍が課題とする１５０㎞／ｈを超えるボールを臆さず強く振る意識づけができるかは見ものである。

数年前に打撃コーチを担い20年からは三軍監督に座る二岡智宏氏は、打順の組み方など打撃に対する着眼点は良いものを持っている。生え抜き至上主義の強い巨人出身者として、他球団から移籍してきた後に首脳入りした人材とバランスを取りながら指揮をとっていってほしい。

## 名将のそばに名参謀あり

21世紀のプロ野球界において、しばしば名将のそばには名参謀がいた。原巨人では、二軍監督や一軍野手総合コーチを担った吉《よし》村《むら》禎《さだ》章《あき》氏がその役割だった。吉村氏は第一次政権から原氏をサポートしてきた。また、先述した橋上秀樹氏も同様の役割で陰からチームを支えた。その意味で戦略コーチは天職だったが、14年に担当した打撃コーチは適職とは言えない立ち位置だったのではないだろうか。

伊《い》原《はら》春《はる》樹《き》氏も似たパターンである。西武時代は、監督として優勝経験があるとはいえ、三塁コーチやヘッドコーチとしてより活きた指導者の印象だ。森西武時代、87年の日本シリーズにおいて、相手チーム（巨人）のウォーレン・クロマティの送球難を見抜いた上で辻発彦に塁を回させて生還に導いた判断力や、巨人で原氏不在時にNo・2としてチームをまとめあげた力量など、監督としてよりも参謀役として輝いていた。

落合博満氏が監督就任時から退任までコンビを組んでいた、森《もり》繁《しげ》和《かず》氏も名参謀役だ。投手コーチとして中日の投手王国を築き上げ、落合氏が目指す野球を体現する立役者となった。その後は監督としても3年間指揮をとったが、落合氏の下で右腕として辣《らつ》腕《わん》をふるう形がベストだったように思う。

パ・リーグでは、16年の日本ハムが代表例だ。パ・リーグ歴代2位となる11・5ゲーム差を覆したドラマチックなリーグ優勝と日本一の裏側に、栗《くり》山《やま》英《ひで》樹《き》監督だけではなく白《しら》井《い》一《かず》幸《ゆき》氏（内野守備走塁コーチ兼作戦担当）と吉井理人《よしいまさと》氏（投手コーチ）の存在があった。日本ハムの球団経営方針やチームカラーともかみ合ったことで良さが発揮されたのだろう。

20年のソフトバンクも、投手を見ることに注力する工藤公康監督の下、平石洋介《ひらいしようすけ》氏が打撃コーチとして攻撃面をつかさどった。キューバ勢のグラシアルやデスパイネが出遅れ、バレンティンが不調だった中、何でも器用にこなせる中村晃を2番で起用して打線を蘇《よみがえ》らせた。さらに若手の栗原陵矢を登用し、戦力流動化にも拍車をかけた。ちなみにソフトバンクは21年から、日本代表の監督として指揮を執った小久保裕紀氏がヘッドコーチに就任する点も注目したい。

現在の巨人軍では、こうした参謀役を野手に関しては元木大介ヘッドコーチが、投手に関しては宮本和知《みやもとかずとも》投手チーフコーチが担っている。ただ私見を述べると、あまり良いとは思えない。現状の首脳陣の中では、野手に関しては石井琢朗野手総合コーチにその役割を任せ、感覚的なセンスがある二岡智宏氏を後継者として育成するのがベターだ。投手に関しては難しいところで、巨人軍のカラーや文化まで考慮すると、本来は12～14年の立役者でもある川《かわ》口《ぐち》和久《かずひさ》氏がバランス的に一番良いのだろう。現状のＮＰＢの投手起用を見ると拙《つたな》い部分も多く、そこを改善するだけでも勝率は高まる。監督だけでなく投手コーチも、年間を通じたマネジメントや一戦ごとの起用法、コンディション管理、トレーニング、育成などを見る力が必要だ。

## 球団経営には惜しまず金を費やすべき

プロ野球の球団経営において、お金を費やすことイコール悪のような風潮は（減りつつあるとはいえ）いまだに少なからずある。プロ野球に限らず、日本社会の昔ながらの文化や美徳に由来するのかもしれない。だが、巨人やソフトバンクのように、お金をかけて戦力を補強するのは球団経営において素晴らしい努力をしていると思える。例えば自分の仕事人生に置き換えた時、待遇や立地などはもちろんのこと、「勝てる環境」を選ばない人はどれだけいるのだろうか。

直近では、巨人は絶対に手放したくない菅野智之に対して、コロナ禍の不況にもかかわらずオプトアウト（選手側が契約破棄の権利を持つこと）付きの４年40億円という破格の条件を出して残留させた。ソフトバンクも19年オフ、柳田悠岐と７年間の長期大型契約を結んでいる。なぜここまでするのか。彼らが球団にとって唯一無二の存在だからである。

ドラフトで指名した選手を手塩にかけて育て、選手はその恩を重要視する。それもなくなるべきではない美しさだが、球界の3分の1の球団が真剣に優勝する気がなく、CS狙いの現状を鑑みると一面的に賛同はできない。あわよくばドラフトの上位指名権を得ることを考えるのはスポーツマンシップに反しており、プロフェッショナリズムの欠如と言われても仕方ないだろう（その点、1位指名が重複した場合はくじ引きで指名球団を決めることはMLBでも問題視される「タンキング」の歯止めになっている）。単年で優勝したりAクラス入りするチームをブームのごとく持ち上げすぎる風潮は、弱者視点のファンを増やしすぎた一因ではないだろうか。

職業として野球をやる以上は自身の生活もかかっているが、勝つことそしてリーグ制覇、日本一は最下位のチームで個人タイトルを獲るより価値の高いものであるべきだ。選手はそのキャリアで常に優勝や日本一を目指していくべきだし、もちろんそのために過酷なトレーニングで心技体を仕上げているのだろう。今後も数年は、巨人とソフトバンクを中心に移籍市場が回る可能性は高い。選手は金銭面の好条件を求めつつ、優勝への近さもより重視するようになるだろう。

## 10年代後半から変化した育成方針

近年、巨人の移籍動向には大きな変化が生じた。チームの功労者であり、「顔」としても定着していた内海哲也や長野久義がＦＡの人的補償（前者は炭谷銀仁朗、後者は丸佳浩）で移籍し、澤村拓一もトレードで移籍した。これまで、タイトルホルダークラスの選手が他球団へ移籍するケースの少なかった巨人だが、10年代後半から変革が起きていることは間違いない（ただ、00年代にも、長嶋政権晩年から原第一次政権を支えた仁志と清水、二岡が移籍したことがあった。各人に固有の事情もあり、世代交代もかねて移籍と相成っている）。

内海の場合は、年齢的にキャリアも終わりに近づきつつあり、シーズンを通してなかなか結果が残せていなかった。ただ、生涯生え抜きとしてやがては首脳陣入りすると思われていたため、彼が人的補償で出ていったことには個人的にも大変驚いた。とはいえ、近年の巨人軍首脳陣は（それこそ二岡も）選手時代に移籍をして外の風景を学んだ後に入閣するパターンも増えており、内海もそうなる可能性は高いだろう。

また、長野も内海同様にドラフト指名を拒否してまで巨人にこだわったことや功労者である点を踏まえると、移籍には驚いた。ＦＡで入ってくる丸と同じ外野手であることや、亀井と陽との兼ね合いもあったのだろう。彼もまた、これまでの貢献度を考えると巨人へ復帰しても何らおかしくはない。

澤村に関しては、本人のメジャー志向への配慮もあるだろう。必要な選手だったのは間違いないが、実力を上手く活かせていなかった時期に、海外ＦＡを見越してトレードしたと考えられる。

巨人は20年オフにも多くの選手を戦力外にしたり、支配下から育成へ登録を移すなどした。育成へ籍を移す背景は、有望でありながら怪我や故障が長引きそうな選手の首を切らず、一方で支配下の枠に余裕を持たせたいのだろう。このように近年の巨人は必要に応じて非情な決断も辞さず、若手選手のモチベーション維持にも腐心している。時代背景も影響しているのか、移籍に関しても、昔と比べれば選手個々の事情に合わせて柔軟になっている。一方、阿部や坂本のような象徴的存在は「生涯巨人軍」というブランドに一定以上の効力が生じるため、キャリア形成にも配慮が必要だろう。

## 変わる助っ人外国人事情

巨人の移籍市場における変化は、何も日本人選手に限った話ではない。外国人選手に関してもメジャーである程度実績がある選手の獲得や、不足している役割をピンポイントで埋める補強が増えてきた。

12年オフに獲得したホセ・ロペスは、シアトル・マリナーズ時代にシーズン25本塁打を記録したことがあり、WBCでベネズエラ代表に選出もされた実力を持っていた。日本人が良いことだと勘違いしやすい「引きつけて打つ」スタイルとは違い、前捌きで打つ打撃フォームの形が良く、キャリア初年度から適応した。同時期にはケーシー・マギーの獲得にも動いていたことから、10年代序盤が転換期だったと見ている。

13年オフに入団したレスリー・アンダーソンも、当時レベルが高かったキューバ代表でレギュラーを張っていただけはあった。打撃フォームに問題はなく、動作が大きいがために球速の速いMLBでは遅れていたが、NPBには上手く適応した。

15年オフに入団したマイルズ・マイコラスは、NPBの平均球速を上回るストレートに質の高いスラッターを合わせる投球で相手をねじ伏せ、周知の通りメジャーへ戻ってからも活躍を続けている。ボールに力があるため、逆球になっても相手を抑え込めたのが大きかった。アーロン・ポレダも、左腕で１５５km／h以上を投げる貴重な存在として、投球時のクセを見抜かれる前までは活躍。１年目はマイコラスとともにローテーションを守った。

15年オフからはサムエル・アダメスなどのように、育成契約で外国人選手を獲得するケースが増えた。また、ピッツバーグ・パイレーツ時代に27本塁打を記録したギャレット・ジョーンズが貧打にあえぐ打線の起爆剤として加入し、期待された長打力を発揮し24本塁打を記録した。出場機会に恵まれたのは16年シーズンのみだったが、左打者の長打力不足を解消しており、一塁手ではなく外野手で起用していれば継続的な戦力として見込めた。またこの年はロッテからルイス・クルーズも獲得していたが、怪我などの影響から１００試合に満たない出場となった。二塁手ながら長打を望むことのできるクルーズが出場できなかったことは誤算だった。

16年オフは即戦力としてケーシー・マギーとアルキメデス・カミネロを、育成ではC・C・メルセデスやホルヘ・マルティネスなどを獲得した。マギーは先述の通り12年オフに獲得調査に動いており、楽天時代の実績も買われ村田修一よりも優先的に起用される機会が多かった。カミネロも１年目はクローザーとして素晴らしい活躍を見せたが、２年目は安定感がなくなり、成績を落とした。育成契約だったメルセデスは18年から徐々に実力をつけていき、ローテーションに入るまで成長した。

ただ17年は外国人枠の起用法がなかなか上手くいっておらず、大型連敗の時期にカミネロを降格させて、クルーズを昇格させる例もあった。さらに、前年度24本塁打のギャレットもこのシーズンは一軍で出場機会なしと、せっかくの戦力を上手く起用できず飽和状態だった。

17年オフには、アレックス・ゲレーロやテイラー・ヤングマンが入団したが、彼らも18年シーズンに首脳陣が適材適所を見つけられなかった。ゲレーロはその後、19年には接戦時に一発を放つなど貴重な活躍を見せている。18年オフから19年シーズン途中に入団したライアン・クックとルビー・デラロサはともにクローザーとして登板。特にデラロサは支配力のある投球が魅力で、ランナーを置いた場面では、意図的に併殺打を狙う投球もできている。

19年オフに獲得したのは、ヘラルド・パーラとエンジェル・サンチェスだった。サンチェスは故障があったものの１年目から８勝４敗を記録し、日本シリーズでも巨人先発陣で一番良い投球を見せた。パーラも故障離脱するまでは求められる役割に応えていたが、故障後は思うような活躍ができなかった。

## 巨人からメジャーへ輩出される選手たち

外国人補強に関するネガティブな面を見ると、巨人軍が獲得する選手はネームバリューへの過度な偏りがあり、獲得への動き出しが遅れることも目立つ。ＦＡ選手と同様、新外国人選手獲得へのスピーディな動き出しは今後の課題である。

20年オフの具体的な補強ポイントは、岡本和真の後ろを打つ打者の獲得だ。ウィークポイントであるパ・リーグ投手陣の強いボールに対応して強い打球を打てる打者が求められ、19年のゲレーロのように打線の火力不足を解消してほしい。メジャーで通算96本塁打のエリック・テームズと通算１９６本塁打のジャスティン・スモークを獲得したが、この補強はネームバリューや過去の実績に少しこだわりすぎだと思う。過去の発言をチェックする限り原監督の意向が反映されており、実績にも疑う余地はないのだが、年齢的にピークを過ぎた重量級が２人も揃ってしまい、とにかくバランスが悪い。多少は動けてフレッシュな選手を加えたり、タイプや役割をしっかり分けて自軍のバリエーションを増やす必要があっただろう。

振り返ると、20年のシーズン途中でゼラス・ウィーラーを補強したが、それだけでは終わらずにさらに選手を獲得する貪欲さが必要だった。全体的な火力不足を補填しつつ、ウィークポイントを埋めてバランスを整えることが対パ・リーグの観点でも鍵になる。

　この数年はコロナの影響も大きいだろうが、その状況次第では長期的に見ると巨人も山口俊のようにポスティング制度を活かしてメジャーに移籍する選手が増えていくだろう。巨人はなんだかんだでメジャー球団へ選手を輩出する側でもある。松井秀喜や上原浩治の活躍はもちろんのこと、高橋尚成もメジャーでは様々な形で起用された。マイルズ・マイコラスも元々の馬力はあったとはいえ、巨人で配球や投球バランスを改善し、セントルイス・カージナルスへの移籍初年度でいきなり18勝を挙げて最多勝に輝いた。そして、19年オフには山口俊がポスティング制度の巨人第一号としてトロント・ブルージェイズに移籍したことも記憶に新しい。

「たられば」にはなってしまうが、02年の日米野球で衝撃的なピッチングを披露した上原や、17年のＷＢＣでアメリカを抑えシーズンでは沢村賞を獲得した菅野がそのタイミングでメジャーに行ったらどうなっていたのだろう。

# 第7章——王朝復活への展望

最終章では、直近の20年シーズンを詳しく見直しつつ、来年以降どのように王朝を築いていくか、具体的な提言を交えて考えていく。

## 20年シーズンの振り返り（選手）

20年はシーズンＭＶＰに輝いた菅野智之が文字通りの大黒柱だった。不調や怪我で思うようなピッチングができなかった前年のうっぷんを晴らすかのように、開幕戦から復活を見せつけた。平均球速は１５０・４km／hを記録し、ピンチの時や終盤はギアを上げるなど17・18年とはまた異なるピッチングスタイルを披露。その後もエースとして「負けない」投球を続け、開幕から連勝を伸ばし、最終的には菅野一人で巨人全体の約半分の貯金を作り出した。9月中旬以降のパフォーマンスがやや下降してしまったので、21年はシーズン終盤における調整にも期待したい。

　菅野以外では戸郷翔征やエンジェル・サンチェスの頑張りに加えて、夏場に谷間ローテーションを任された今村信貴や直江《なおえ》大輔《だいすけ》、畠世周《はたけせいしゅう》といった選手もいい働きをした。また、先発としてなかなか調子が上がらなかった田口麗斗や怪我で2度離脱したＣ・Ｃ・メルセデスも5勝と4勝を挙げており、裏ローテでも勝てる体制は整っていた。仮の話だが、畠やメルセデスがもう少し頑張りを見せてフルシーズン戦えていたら（そしてシーズンが１４４試合あったら）、二桁勝利の先発投手を複数人抱えるローテーションを築き上げた可能性もあるだろう。

逆に野手陣は、坂本、岡本、丸のコアが序盤戦で不調だった。８・９月に復調を見せてチームを勢いづかせたのは流石で、揃ってベストナインに選出されたものの、19年と比較すると安定感のなさが目立った。３人の月別成績は次のようになっている。

・坂本勇人

6月　打率．289　1本　6打点　OPS．846
7月　打率．231　4本　7打点　OPS．781
8月　打率．263　5本　15打点　OPS．866
9月　打率．337　6本　18打点　OPS1．052
10月　打率．312　1本　14打点　OPS．779
11月　打率．318　2本　5打点　OPS1．081

・岡本和真

6月打率.475 5本 12打点 OPS1.448

7月打率.225 8本 21打点 OPS.863

8月打率.218 5本 17打点 OPS.721

9月打率.329 6本 22打点 OPS1.061

10月打率.272 5本 17打点 OPS.798

11月打率.200 2本 8打点 OPS.874

・丸佳浩

6月打率.158 1本 5打点 OPS.475

7月打率.301 7本 21打点 OPS1.053

8月打率.309 5本 15打点 OPS.908

9月打率.276 4本 11打点 OPS.883

10月打率.315 10本 21打点 OPS1.152

**11月　打率.241　0本　4打点　OPS.635**

3選手ともに調子が良かった8月後半から9月前半が、チームの強さもピークだった（ただ対セ・リーグに限って言えば、不調時でも勝てる戦いを見せ、通用していた）。コアの調子の波が激しく、その波が底の時に打線全体が貧打に陥るのは弱点である。また繰り返しになるが、コアを含めた巨人打線全体の課題として、一定水準以上の投手には対応し切れていない。ソフトバンク投手陣を打ち崩すには視座を高く持つ必要がある。

## 20年シーズンの振り返り（采配・運用）

他球団に新監督が目立った中、既に名将の地位を確かにしている原監督の柔軟な采配も光った。コア3選手を解体させたことや2番打者の起用法など課題点はあったが、相対的に見ると滑らかな采配をしていたと思う。かつて「若大将」と呼ばれた所以《ゆえん》でもある、若手に自信をつけさせたり競争心を高めたりする積極的な采配はこの年も随所で見られた。

来シーズンは、A級の中継ぎ陣を「レバレッジ」（難易度の高さや勝利への重要性）の低いシチュエーションで投げさせる起用は避けてほしい。このよろしくない采配の一因は、試合数とイニングの短縮を過度に意識していたことにある。20年は試合数が１４３から１２２に減ったとはいえ、１２０試合以上あったわけで、昭和の時代とさして変わらない。メディアで「短縮試合」という言葉が躍っていたのを真に受けてしまったようにも見える。また、延長戦が10回までになった点も脳裏にあって「そこまで抑えれば負けはない」という発想で投手をつぎ込んでしまったのかもしれない。突然の開幕延期やいつ始まるのかわからなかった状況などを考慮すると、通常のシーズン以上に調整の負荷がかかっていた。

巨人の投手運用自体、コロナの事情などを抜きにして元々良くなかった。余裕のない起用の影響で大竹や中川皓太が離脱し、同時に守備も悪化していきシーズンの失策数の約半分が9月に集中した。シーズン序盤から中盤のブルペン陣の体制を、終盤からポストシーズンにも維持することが求められる。

## 中長期的な課題は次なるコアの形成

もう少し長いスパンで見ると、中軸を担うコア選手の高齢化や移籍も課題となるだろう。

例えば松井が移籍した後の03～06年は、高橋由伸が離脱したこともあり中長期的に計算できるコア選手が不在だった。そこで06年オフに小笠原を獲得し、高橋由伸の復活劇と重なり07年の王座奪還の流れができた。次なるコアとして阿部が00年代後半から10年代前半に君臨していたが、13年の終盤あたりから衰えが見え始め、14年は優勝したものの15～18年はスラッガーと正捕手の不在が響き優勝を逃し続けた。そこで、18年オフに丸を獲得し、力を付け始めていた坂本とチームを引っ張り、19年にも王座奪還の流れが生まれた。

　その坂本も、33歳になろうとしている。坂本のキャリアの箇所でも記載したが、キャリア晩年に負担が大きい遊撃手として第一線でプレーすることは、非常に難易度が高い。かつては二岡から坂本に継承されたポジションだが、継承が上手くいかなかった時はかなりの痛手になるに違いない。また、先発陣も菅野への依存度が高く、その菅野も21年以降はメジャー移籍の可能性がある。投手においては戸郷がエースの座を受け継ぐべきだろう。

　歴史的に、巨人は中心選手の継承が他球団よりもスムーズに行われており、低迷期の落ち込み幅を少なく、短くすることに成功している。将来的には打の岡本・投の戸郷を軸に高みを目指してほしい。

## 速くなり続けるストレートと鋭い「スラット・スプリット」

近年のプロ野球は明らかに平均球速が上昇している。

**・各シーズンの12球団平均球速**

14年　１４１・５㎞／h
15年　１４１・９㎞／h
16年　１４２・０㎞／h
17年　１４３・２㎞／h
18年　１４３・６㎞／h
19年　１４４・１㎞／h
20年　１４４・９㎞／h

（参照：aozoraさん〈@aozora_nico〉）

この数値を見ると、21年には１４５km／ｈを超えてもおかしくない。歴代最高球速を誇った大谷翔平のメジャー移籍後も数値は伸びており、球界全体の現象であることがわかる。ストレートのＭＡＸが１４８〜１５０km／ｈの投手が現在のＮＰＢ標準であり、１４４km／ｈ以下は全体の１割程しかいない。巨人とソフトバンクもストレートの平均球速はリーグトップだった。ストレートの高速化だけでなく（あるいはそれに伴う形で）、変化球のレベルも向上しており、特にお股ニキさんがしばしば語られている「スラッター」を投げる投手が増加している。さらに、カーブなどの比較的緩い球種も一番打たれにくい球速（１３８km／ｈぐらい）で投げられる投手が増えており、技術的なレベルはかなり上がっている。

巨人投手陣に「スラット・スプリット型」を増やすことも今後の鍵だ。菅野智之が20年シーズンで絶好調だった７・８月がその一例で、スラッターとスライダーのバランスが良く、さらにスプリットも活かせていた。あのレベルの投球をシーズン通して実戦していたのがメジャー移籍前の前田健太や田中将大で、外国人の強打者にも通用する投球スタイルだ。

ストレートは狙い球として張られやすく、投手には以前よりも高いレベルが求められている。打者も今後は、半速球や抜け球を打ち崩して荒稼ぎをする選手と、相手のレベルを問わずに打ち返せる超一級の選手との差が開いてくるだろう。繰り返しになるが、内田順三氏が日本シリーズ後にコメントしていた通り、巨人は水準以上の速球に苦戦する傾向がある。来期以降は打撃コーチ指導を含め、速球を強く打ち返せる打線に変貌を遂げてほしい。

## 未来のスーパーエースへ、戸郷翔征

20年に最も活躍した巨人の若手として、最初に名前が挙がるのは戸郷翔征だろう。19年にはリーグ優勝を決めた試合でプロ初登板を果たし、勝利に貢献。そして20年はストレートの質のレベルアップはもちろんのこと、先述のスラット・スプリットスタイルを弱冠20歳という若さでマスターし、9勝を挙げた。高卒2年目ということもあり、開幕当初は大事に育成してほしいと考えていたが、その反面、投げている球自体は高卒2年目の域を超えてローテーションの軸になるべきレベルだった。その能力を見込まれて主戦力として起用され、怪我で出遅れたり離脱していたC・C・メルセデスや高橋優貴、エンジェル・サンチェスらの穴をしっかり埋めていた。ただ、フルシーズンを戦うのは初めてだったこともあり、夏場からシーズン終盤にかけて体力的に落ちたことは否めない。シーズンを投げ切る体力や、球審の不本意な判定に対するメンタル耐性を身につけることによって、将来は菅野の次なるエースの座も見えてくるだろう。

日本シリーズでは先発ローテーションから外れたものの中継ぎとして好投しており、3年目となる21年は大いに期待したい。後にメジャーへ行ったダルビッシュ有や田中将大、大谷翔平は高卒3年目でキャリア初のシーズン15勝を記録しているが、戸郷もこの3年目でどの程度の成績を残せるかが、今後のキャリアにおける一つの指標になるだろう。また、左記の通り高卒4年目終了時点で個人タイトル獲得はもちろんのこと、40勝がエースになるための基準値であるので、目標としてほしい。

・松坂大輔（西武）
成績：51勝29敗 661回1／3 振587 防3.43
タイトル：最多勝（99～01年）、最多奪三振（00、01年）、新人王（99年）、沢村賞（01年）、ベストナイン（99～01年）、ゴールデングラブ賞（99～01年）

・ダルビッシュ有（日本ハム）
成績：48勝19敗 652回1／3 振585 防2.33

タイトル：最多奪三振（07年）、ＭＶＰ（07年）、ベストナイン（07年）、ゴールデングラブ賞（07、08年）

・涌井《わくい》秀章《ひであき》（西武）
成績：40勝35敗 ６１９回２／３ 振４５６ 防御率３．６３
タイトル：最多勝（07年）

・田中将大（楽天）
成績：46勝26敗 ７０３回２／３ 振６４５ 防３．０４
タイトル：新人王（07年）

・大谷翔平（日本ハム）
成績：39勝13敗 ５１７回２／３ 振５９５ 防２．４９
タイトル：最多勝（15年）、最優秀防御率（15年）、最高勝率（15年）、ＭＶＰ（16年）

・藤《ふじ》浪《なみ》晋《しん》太《た》郎《ろう》（阪神）
成績：42勝32敗　６６８回２／３　振６９５　防２．９６
タイトル：最多奪三振（15年）

大谷は40勝に満たなかったものの、二刀流であり打者としてもベストナインを獲得している。

戸郷は20年、規定投球回数に未達だったものの奪三振は5位、勝利数は8位となっており、その成長曲線を考えると来シーズンは大きな期待が持てる。若手ゆえのスタミナ面やバッテリーを組む捕手次第で結果が左右されがちという課題を克服し、球界を代表する投手に変貌してほしい。

### 要チェックな若手・中堅選手たち（投手）

畠世周も、投げているボールから高いポテンシャルがうかがえる。ルーキーイヤーの17年には疲れが見え始める時期までローテーションを担い、高い奪三振率を誇った。20年は菅野や戸郷に疲れが見え始めた9月以降に、プロ初完封を含む好投を見せ、サンチェスとともにローテーションを引っ張った。ただ、怪我や故障が多く、フルシーズンで計算できないことが欠点だ。しっかり投げられている期間は、スラッターを活かしてローテーションの軸になれるトップクラスのパフォーマンスを残しており、21年以降は継続した活躍を期待したい。

大江竜聖もまた、成長を遂げた一人である。19年はオープン戦で活躍し開幕一軍を掴み取ったものの、シーズン開幕時には息切れしてしまい不甲斐ない結果に終わった。再起を賭けた20年は、以前より腕を下げたフォームにした結果投球の幅が広がり、一軍に定着するレベルになった。一軍昇格当初は大差の試合での登板や回跨ぎ、高木京介が担っていた火消しなどの役割を担っていたが、結果を積み重ねていき、接戦の試合でも起用されるまで信頼されるようになった。

次に注目したいのは太《おお》田《た》龍《りゅう》だ。怪我による耐久性などが懸念材料だったが、実戦復帰後はスラッターを活かした投球で結果を残している。課題だったストレートのクオリティも向上しており、今後に期待が持てる。戸郷と同じく3年目の直江大輔も、シーズン途中で離脱して育成枠に移ったものの、ローテーションの谷間を埋める投球をしたことなどから、注目株の一人である。その他には井上《いのうえ》温《はる》大《と》や、2年目で一軍デビューを果たした横《よこ》川《かわ》凱《かい》らの若手左腕も要チェックだ。

## 要チェックな若手・中堅選手たち（野手）

　若手野手陣では、20年開幕から熾烈なレギュラー争いを繰り広げた吉川尚輝、湯《ゆ》浅《あさ》大《だい》、北村拓己や、シーズン中盤からは松原聖弥が目立った。開幕カードで出場機会を得た湯浅は、守備面は一軍レベルに達しており、今後はパワーを含めた打撃力向上が一軍定着の鍵になるだろう。吉川尚輝は、開幕当初は調子が上がらなかったが9月に入ってから動きが良くなり、初の規定打席にも到達。今後は打撃の好不調の差を埋めていき、パフォーマンスを長く維持する感覚を掴んでいくことが課題だ。

　松原は一軍に定着して2番打者に座っているが、調子を落とす時期もあった。様々な対応が求められる難しい打順で起用されながらも、上手く適応していた。また守備面でも、起用当初こそミスもあったが、段々と好プレーが出てきたので期待したい。

　次に取り上げたいのが、北村拓己だ。坂本や丸らの主軸が開幕当初は不調だった中、打撃面で貢献。吉川の不調時には二塁手としてスタメン出場の機会を得て、広島のクリス・ジョンソンやＤｅＮＡの今永昇太といった好投手からタイムリーを放った。思いきりの良さが魅力で、チームの盛り上げ役としても今後が楽しみである。その他には、守備型捕手である山瀬慎之助はプロ入り前からスローイングがピカイチで、一軍レベルと言っても過言ではない。プロ入り後に打力も向上しており、数年後には一軍で見られるかもしれない。

　巨人二軍の若手選手は以前と比較するとレベルがかなり底上げされているため、楽天に移籍した高田《たかた》萌生《ほうせい》やＤｅＮＡに移籍した田中俊太のように、他球団からトレードや人的補償で狙われる場合もあるだろう。特に、ドラフト1位入団ではなくチームにとって優先度がそこまで高くないものの良い球を投げている投手は、トレードされる可能性が結構ある。

## 阿部と坂本の後継者問題

　ここでは、阿部と坂本の後継者問題について考えてみる。

　19年に引退した阿部の存在は当然、非常に大きかった。巨人だけでなくプロ野球全体の歴史上でもトップクラスの打力を誇り、チームを複数回の優勝、日本一に導いている捕手なわけで、その後任者へのハードルは必然的に高くなる。

阿部が捕手として限界を迎えた10年代中盤から、巨人は正捕手問題を抱えてきた。16〜18年は主に小林誠司がマスクを被っていたが、風当たりがかなり強かった。打撃面は数字で可視化されてしまうため、守備型の小林には酷だった。そこに、マイルズ・マイコラスが試合中に激怒したことや、代表戦で千賀滉大のフォークを上手く処理できなかったことなどが追い討ちをかけ、過小評価されるようになってしまった。ただ、小林のスローイング、フレーミング、ブロッキングなどの総合的な守備力は、巨人捕手陣内だけでなくリーグでもトップクラスの選手である。課題点は、なんと言っても打力だ。19年は捕手３人体制だったが、その中で唯一．２５０を切る打率となった。守備面でかなりのアドバンテージがあるとはいえ、打率．２５０以上は残したい。また、シーズン通してフル出場に近くなると疲労が溜まり、パフォーマンスが急激に下がることも弱点だ。パフォーマンスの低下がチームの成績に結びついていたこともあり、チームは17年のドラフトで打撃型捕手の大城卓三を、18年オフにはＦＡで炭谷銀仁朗を獲得したのだろう。その結果、19年はシーズン通してパフォーマンスを持続させ、リーグ優勝に貢献した。

　大城卓三はその打力を活かすために、捕手以外に一塁手を任されていた時期がある。打力ばかり注目されているが、スローイングやフレーミングなども水準以上である。だが、プレッシャーがかかる場面で随所に見られるディフェンス面のミスが、小林と比較して及ばないと思わせる部分だ。第5章でも記した通り、日本シリーズ初戦で栗原に本塁打を打たれた球（インハイのスライダー）は配球ミスと言える。今後、経験値を上げてほしいところだ。

18年オフに加入した炭谷は小林や大城のフォローをする形で出場しているが、西武の正捕手だった経験を活かし、交流戦での貢献などが光る。さらに、20年の途中からは岸《きし》田《だ》行倫《ゆきのり》がスタメンマスクを被る機会も増えている。戸郷や畠らの若手投手陣をリードしていたが、相性は良さそうだった。おそらく炭谷の役割を今後は岸田が担うのだろう。

原監督は阿部のような打力がある捕手を軸に回したい意図から、大城に期待してスタメンマスクを被らせているのだろう。捕手に打力があるのはかなりの付加価値で、例えば18・19年にリーグ連覇した西武では森《もり》友《とも》哉《や》が圧倒的な打撃成績を残した。3連覇した広島も、石原慶幸から打力のある會澤《あいざわ》翼《つばさ》へと正捕手の座が徐々にシフトしていき、會澤は18年には3割二桁本塁打を達成している。

19年は捕手3人での運用だったが、力関係などもバランスが取れていたので上手く回った。今後もし大城が西武の森クラスの成績を残し始めたら話は変わってくるが、先発投手との相性やその都度の調子などを見極めた運用が重要である。18年は小林に依存しすぎて大城に出番がなかなか回らず、試合勘を鈍らせてしまった上に成長機会を奪ってしまった。20年に見られた大城の成長ぶりと打力、小林の総合的なディフェンス力を活かすためには、試合序盤に大城を起用して終盤に小林を起用することが効果的だろう。そこに、岸田が若手投手陣をフォローしていく形が良いと思われる。

　坂本の後継者に関しては第４章で触れた通り、吉川尚輝が耐久力を身につければ適任で、状況によっては捕手と同様に複数人で運用していくことが考えられる。大城と吉川は巨人の未来を担うべきセンターラインであり、彼らの成長は丸以外に安定した成績を残せる左打者の出現という点でも明るい材料だ。

　阿部と坂本の後釜のように、偉大な前任者が幻影のようにちらついてしまうことはままある。巨人の場合、松井のような期待を寄せられていた大田泰示もその例だろう。タイプが違う選手であったにもかかわらず、その体型などから今の岡本のようなプレーを求められてしまった。プレイヤーだけではなく、マネジメントも同様だ。原氏の後釜として阿部や高橋を名監督として育成したいはずだが、現状は上手くいっていない。原政権が勝ちすぎてしまったことも背景にあるだろう。後釜へのハードルがその実力やポテンシャル以上に高くなってしまい、ファンやＯＢから苦言を呈され、本人のモチベーションにも悪影響を与える。そうならないためにも、世代交代時の方向性の統一やバックアップを含めた管理が重要である。

巨人軍ベストナイン（00年代）

最後に総まとめとして、10年単位で区切った「21世紀の巨人軍ベストナイン」を選出したい。

投手　上原浩治
捕手　阿部慎之助
一塁手　小笠原道大
二塁手　仁志敏久
三塁手　小久保裕紀
遊撃手　二岡智宏
左翼手　アレックス・ラミレス
中堅手　松井秀喜

## 右翼手　高橋由伸

投手：00年代後半に最多奪三振を獲得したり開幕投手を複数回務めた内海も候補だ。しかし、プロ２年目の00年から７年連続で開幕投手を務め、02年に最多勝と沢村賞、03年には最多奪三振、04年には最優秀防御率を獲得した上原が圧倒的だろう。

捕手：１年目から開幕スタメンを勝ち取り、攻守において成長を遂げた阿部で文句なし。

一塁手：安定した成績を残した３連覇の立役者、小笠原を選出。06年に３割40本塁打１００打点を記録した李承燁も候補だったが、継続性や安定感、優勝への貢献度も考慮した。

二塁手：00年代前半に好成績を残した仁志敏久で決まりだろう。

三塁手：小久保裕紀を選出。三塁に小笠原を置く形もあり得たが、00年代の低迷期に見せたキャプテンシーや40本塁打を記録した打力を考え、一塁手に小笠原、三塁手に小久保を選出した。

遊撃手：00年代なら二岡智宏一択だろう。坂本勇人が台頭するまで遊撃手を任され、勝負強い打撃でチームを救ってきた。

左翼手：08年と09年にシーズンＭＶＰを獲得し、連覇に大きく貢献したラミレスを選んだ。守備に難はあったが、打撃成績はもちろんのこと、４番として得点圏打率以上に打点を生み出す能力は球界でも突出していた。

中堅手：松井秀喜を選出。説明不要だろうが巨人で圧倒的な成績を残し、タイトルを複数獲得して優勝や日本一に大きく貢献。その後はメジャーへ渡った。

右翼手：09年の優勝に貢献した亀井善行も候補だったが、松井が抜けた後にマルチに活躍をした高橋由伸で決まりだろう。耐久性には難があったが、天才の呼び名通り00年代前半は安定した成績を残し、07年にも復活を遂げてＭＶＰ級の働きを見せた。

その他には、08年から台頭し始めた中継ぎエースの山口鉄也や木村拓也といったユーティリティプレイヤー、流れを変える代走の切り札として鈴木尚広を推していきたい。

巨人軍ベストナイン（10年代）

投手　菅野智之
捕手　阿部慎之助
一塁手　岡本和真
二塁手　片岡治大
三塁手　村田修一
遊撃手　坂本勇人
左翼手　アレックス・ラミレス
中堅手　丸佳浩
右翼手　長野久義

投手：内海は10年代前半も活躍。11・12年に最多勝を獲得した。ただ、プロ2年目の14年から毎年のようにタイトル争いをしつつ、17・18年と2年連続で沢村賞を獲得した菅野に軍配が上がる。

捕手：00年代に続き、球団歴代最高捕手の阿部一択。特に12年は3冠王間近の成績を残し、統一球ながらも捕手最高打率を記録。巨人のみならず、球界屈指の捕手である。

一塁手：岡本を選出。主力に定着したのは18年であり、10年に3割30本を達成した小笠原も候補だったが、一塁・三塁・左翼を守れるユーティリティ性も魅力のため岡本を選んだ。

二塁手：守備の貢献度が高い片岡と、10年に仁志敏久以来の巨人の二塁手として規定打席に到達し、セ・リーグ記録の15試合連続得点を記録した脇谷で悩んだが、14年に坂本と鉄壁の二遊間を組んだ片岡を選出。キャリア晩年ながらあの守備範囲の広さ、加えて時には一発も出る打撃、高い走塁技術は非常に魅力的であった。

三塁手：村田を選出。こちらも小笠原と悩んだが、守備力の高さや13年のセ・リーグ月間新記録となる46安打などの活躍を考慮して村田を選んだ。

遊撃手：ここは坂本一択だろう。12年最多安打、16年首位打者&最高出塁率、19年MVPなどはもちろんのこと、ベストナインやゴールデングラブ賞も複数回受賞。攻守ともに、巨人のみならず球界屈指の遊撃手になった。

左翼手：10年に本塁打王・打点王を獲得したラミレスを00年代に引き続き選出。

中堅手：まだ2年のみの在籍だが、攻守にわたり安定感がある丸を選出した。坂本と岡本に挟まれながら及第点の成績を残し、守備面でも要所でチームを救うなど貢献度は高い。

右翼手：19年の優勝に貢献した亀井善行がまたも候補にあがるが、新人王や首位打者などのタイトルを獲得した長野だろう。13・14年の優勝にも大きく貢献した。

その他には高橋由伸、矢野謙次という左右の代打の切り札に、代走の切り札の鈴木尚広、10年代も長らく救援陣を支えた山口鉄也を推していきたい。

## コロナ禍で行われた20年シーズンの回想と今後の考察

20年は東京五輪が延期になるなど、新型コロナウイルスが世界に多大なる影響を及ぼした。プロ野球も従来は3月に開幕予定だったが、3カ月延期して6月19日に開幕した。高校野球もセンバツ大会と夏の甲子園がともに中止になるなど、球界全体があおりを受けた。

プロ野球界も長い歴史の中でストライキや震災など様々な問題に直面してきたが、今回のコロナ禍は日本国内でとどまる話ではなかった分、より難しい選択を強いられたのは間違いない。シーズン開幕前のオープン戦の段階で無観客試合という対策を取りつつ、プロ野球同様に人気のあるJリーグと異例の提携を組み、さらに対策を強化した。そしてJリーグが公式戦の一時休止や延期を発表した後、NPBは開幕延期を正式発表した。

開幕延期がプロ野球界に与えた影響は当然、甚大だった。選手のコンディション不良はもちろんのこと、チケットやグッズ等の販売収入も打撃を受けた。プロ野球は高校野球や国際大会のように短期的なものではなく、3月から11月までのシーズンで長期的に利益を生み出さなければならない。とりわけ、シーズンの中でもトップクラスの興行が見込める開幕戦を無観客にしてまで開催することは相当な痛手になると考えたのかもしれない。

当初は夏場に東京五輪が予定されていたため、例年より早い3月20日開幕に合わせて選手たちは調整を進めており、そこから約3カ月もの延期になったわけだ。心身に多大な負担がかかったことは想像に難くない。特に、昨年のプレミア12に選出された選手は19年の11月半ばまで実戦に出て、オフシーズンに休む間もなく急ピッチで仕上げている中での事態だった。したがって、開幕前やシーズン中の怪我や故障、コンディション不良のリスクは例年以上に顕在化された。巨人では坂本や丸が、最終的に調子を取り戻したとはいえ、開幕前の調整不足が影響して、シーズン序盤は低調だった。また、ヤクルトの山田哲人もコンディション不良で登録抹消されるなど、調整の難しさが露見したシーズンとなった。付け加えると、選手だけでなく、各球団の采配も例年より困難だっただろう。

現状、鳴り物を使用した応援などは禁止されているが、これは仕方のないことだろう。今の段階は試合を開催すること自体に注力すべきなので、ファンも理解を示す必要がある。数年後に、段階を踏んで応援などもできる環境作りが進められていくのだろう。ただ、コロナのせいとはいえ従来のように選手を大声で応援するスタイルとは真逆の、静観して観戦する文化が少しずつ浸透していくのも個人的には悪くないと思う（これまでの国際大会のようなイメージだ）。それによってファンもそれぞれ好きなやり方で観戦を楽しめるようになり、プロ野球のエンターテインメントとしての質も向上するのではないだろうか。

選手たちもおそらく今後数年は厳しい環境の中、プロとして行動しなければならない。オフのウィンターリーグへの派遣も難しい状況となっており、数年開催が止まればその影響で若手の台頭や活躍が従来よりも3カ月〜半年単位で遅れる可能性も高い。さらに、自主トレやキャンプを含め、球団の管理能力も問われる。

## データを超えた感性の時代へ

近年、様々な観点からプレーを分析するデータが野球界に普及しているのはみなさんもご存知だろう。人間も、（かなりざっくりとした言い方ではあるが）論理を重視する「左脳派」と直感を重視する「右脳派」で分かれるとすれば、これまで基本的に左脳派が重宝されてきた。ただ、昨今はより右脳的な、感性やセンスで物事を把握していくスタイルも必要になっていくだろう。データに基づいたマニュアル的な指導法にも当然良いところはあるが、感性的な指導の場合は「伸び代に限界が生じない」という大きなメリットがある。データだけではわからない点が多々あることは強く主張しておきたい。

例えばデータ野球の象徴としてよく取り上げられる極端な守備シフトも、実力が拮抗している中でやるから意味があるわけで、根本的な力がなければ一蹴されるだけだ。また、20年の巨人打線は、１４５㎞／ｈ以上や１５０㎞／ｈのボールに対する打率は実のところ12球団トップクラスである。だが、「強度のあるボール」に対して力負けしていたのは巨人の多くの試合を見てきた私の実感であり、ソフトバンクとの日本シリーズを見た方も直感的に納得いただけると思う。

さらに別の例を挙げると、ＤｅＮＡに移籍した田中俊太と柴《しば》田《た》竜《たつ》拓《ひろ》は、成績やポジションで見ると似たようなタイプと思われがちだ。しかし、田中はシーズン終盤の大事な時期にコンディションを上げていく実戦型かつ旧来的な2番打者であり、柴田は2番打者のタイプでない。これも正直、ぱっと見の直感でわかることだ。その他にも、本書で取り上げた中田翔の打点を生み出す能力やここ一番の勝負強さも、彼のプレーを見て感じ取れることだろう。

選手のひとつひとつのプレーがデータを超えた時にドラマが生まれ、最高のエンターテインメントとなる。それこそが野球の醍醐味ではないだろうか。データを把握することは大前提だが、その上で感性も活かした「感覚値」に統合して落とし込むことが、より次元の高いプレーを導くための鍵になっていくと考えている。

お股ニキさんの『セイバーメトリクスの落とし穴』や、野球以外のジャンルであれば山口周さんの『世界のエリートはなぜ「美意識」を鍛えるのか?』(光文社新書)といった著作に書かれる通り、直感や感性で「気づき」を得ることは、カテゴリを問わず非常に重要なものになっていく一方だ(念のため記すと、この方たちは論理やデータが不要だとは一言も言っていない。その一歩先へどうやっていくか、という話だ)。

これまでの成功や失敗の体験、その積み重ねで得られた知見によって、言葉やデータでは表せない直感・感性が生まれ、実際に機能するようになる。ロジックやエビデンスはいつか「限界値」に達してしまうので、それだけだと直感を持つ相手に劣ってしまうケースも出てくる。今後もデータの精密化はどんどん進んでいき、(プロだけではなく)多くの野球人へ普及され続けていくと思われるが、真のトップに立つ選手/チームは、思わず「芸術点」をあげたくなるようなドラマチックなプレーをすることが、勝利のためにもファンのためにも重要になっていく。本当に凄い試合や強いチームになると、選手のプレーのクオリティは必然的に高くなるため、内容的にも魅力のある面白い野球になる。例えば、17年ＷＢＣの日本対オランダや19年のソフトバンク対西武の試合などがそれにあたる。どちらも、見てる側が試合時間を忘れるぐらい、見入ってしまうものだった。こうした試合は選手たちを心身ともに磨くことにもなるし、良いことずくめだ。結局は「魅せる野球」が求められている、と言うことができる。

# おわりに

愛する巨人軍に関する本を出版するという形で、野球に携われたことに感謝している。夢が叶ったと言っても過言ではない。ツイッター自体は、自分自身が両親ともに現在は絶縁するぐらいの毒親育ちの環境だったため、他の人の考え方を学ぶ機会として始めたものだった。好き勝手に趣味の範疇でツイートしていることで、このような機会に繋がって良かったと思っている。長い人生の中で、趣味や好きなものにこうして関わることは、めったにできない経験だろう。だからこそ、何か好きなものややりたいこと、夢などがある人は発信を続けるべきだと僭越ながら思う。

本書を執筆することになったきっかけは、光文社のメディア「本がすき。」でコラムを書いたことだった（ちなみに、この時は巨人軍ではなく高校野球に関する記事だった）。その後、巨人をテーマにした記事もよく書くようになり、「REAL SPORTS」、「THE DIGEST

(Slugger)」など様々な専門媒体からもお声がけをいただき始めた。そして、20年9月から光文社新書のnoteにて自分の名前を冠した「ゴジキの巨人軍解体新書」の連載がスタートした。尽力いただいている各媒体の方々には頭が上がらない。

本書は一部、連載時の内容を基にしているが大部分が書き下ろしとなっており、依頼を受けた時は、本業の仕事もあるし書き上げられるか不安だった。ただ、書き終えてみるとやはり達成感があり、今後も様々な媒体から発信を続けたいという気持ちが強まった。

本書を完成させるにあたり、お世話になった多くの方々に感謝を申し上げたい。

特に、お股ニキさんをはじめｒａｎｉさん、ＮＰＢ脳駆逐ｂｏｔさん、ｕｎｋｎｏｗｎさん、ポリズンさん、いーづか。さん、Ｒｙｕさん、け〜たさん、侑さん、磐田さん、かっしーさんといった「お股クラスタ」の方々や、ＮＰＢ外国人好きのｔｗｅｅｔさん、巨人ファンによるデータ至上主義論さん、ＤｏＤｏさん、Ｙｕｍａさん、Ｓａｍｉさん、ａｏｚｏｒａさんからは多くのツイートやデータ、記事を参考にさせていただいた。シーズン中の解説はもちろんのこと、オフシーズンの分析や考察も面白く、日々勉強させてもらっている。今後も各人の先見性やセンスにあふれた発信が楽しみだ。

さらに、連載コラムを含め執筆の機会を提供してくださり、1年以上にわたって編集にお付き合いいただいている光文社の高橋恒星さんにも大変感謝している。また、サポートなどをしてくれた、容姿端麗で信頼できる某Kさんにも感謝の気持ちしかない。

巨人軍の魅力はやはり、長い時を経てスター選手の座が引き継がれていく流れにある。ONはもちろんのこと、21世紀だけでも松井秀喜に始まり高橋由伸や上原浩治、阿部慎之助、坂本勇人、菅野智之、岡本和真といったタイトルホルダーかつチームを優勝に導くスター選手の名があげられる。常勝軍団として華のある野球で勝ち続け、令和のプロ野球でも新たな王朝を築き上げていってほしい。

２０２１年１月

ゴジキ（@godziki_55）

# 巻末付録——21世紀のセ・リーグ順位表と個人タイトル

## 2001年のセリーグ成績

| チーム | 勝利 | 敗戦 | 引分 | 勝率 | チーム打率 | チーム防御率 |
|---|---|---|---|---|---|---|
| ヤクルトスワローズ | 76 | 58 | 6 | .567 | .274 | 3.41 |
| 読売ジャイアンツ | 75 | 63 | 2 | .543 | .271 | 4.45 |
| 横浜ベイスターズ | 69 | 67 | 4 | .507 | .269 | 3.747 |
| 広島東洋カープ | 68 | 65 | 7 | .511 | .267 | 3.82 |
| 中日ドラゴンズ | 62 | 74 | 4 | .456 | .253 | 3.48 |
| 阪神タイガース | 57 | 80 | 3 | .416 | .243 | 3.749 |

| 日本シリーズ | |
|---|---|
| ヤクルト ○●○○○ 近鉄 | |
| MVP | 古田敦也 |

### 個人タイトル受賞者

| タイトル | 選手名 | 所属チーム | 受賞回数 | 成績 |
|---|---|---|---|---|
| MVP | ペタジーニ | ヤクルト | 初 | |
| 最優秀新人 | 赤星　憲広 | 阪神 | | |
| 首位打者 | 松井　秀喜 | 巨人 | 初 | .333 |
| 最多本塁打 | ペタジーニ | ヤクルト | 2回目 | 39本 |
| 最多打点 | ペタジーニ | ヤクルト | 初 | 127点 |
| 最多盗塁 | 赤星　憲広 | 阪神 | 初 | 39個 |
| 最優秀防御率 | 野口　茂樹 | 中日 | 2回目 | 2.46 |
| 最多勝利 | 藤井　秀悟 | ヤクルト | 初 | 14勝 |
| 最高勝率 | 入来　祐作 | 巨人 | 初 | .765 |
| 最多奪三振 | 野口　茂樹 | 中日 | 初 | 187個 |

## 2002年のセリーグ成績

| チーム | 勝利 | 敗戦 | 引分 | 勝率 | チーム打率 | チーム防御率 |
|---|---|---|---|---|---|---|
| 読売ジャイアンツ | 86 | 52 | 2 | .623 | .272 | 3.04 |
| ヤクルトスワローズ | 74 | 62 | 4 | .544 | .263 | 3.39 |
| 中日ドラゴンズ | 69 | 66 | 5 | .511 | .257 | 3.19 |
| 阪神タイガース | 66 | 70 | 4 | .485 | .253 | 3.41 |
| 広島東洋カープ | 64 | 72 | 4 | .471 | .259 | 4.36 |
| 横浜ベイスターズ | 49 | 86 | 5 | .363 | .240 | 4.09 |

| 日本シリーズ | |
|---|---|
| 巨人 ○○○○ 西武 | |
| MVP | 二岡智宏 |

### 個人タイトル受賞者

| タイトル | 選手名 | 所属チーム | 受賞回数 | 成績 |
|---|---|---|---|---|
| MVP | 松井　秀喜 | 巨人 | 3回目 | |
| 最優秀新人 | 石川　雅規 | ヤクルト | | |
| 首位打者 | 福留　孝介 | 中日 | 初 | .343 |
| 最多本塁打 | 松井　秀喜 | 巨人 | 3 回目 | 50本 |
| 最多打点 | 松井　秀喜 | 巨人 | 3 回目 | 107点 |
| 最多盗塁 | 赤星　憲広 | 阪神 | 2 回目 | 26個 |
| 最優秀防御率 | 桑田　真澄 | 巨人 | 2 回目 | 2.22 |
| 最多勝利 | 上原　浩治 | 巨人 | 2 回目 | 17勝 |
| | ホッジス | ヤクルト | 初 | 17勝 |
| 最高勝率 | 上原　浩治 | 巨人 | 2回目 | .773 |
| 最多奪三振 | 井川　慶 | 阪神 | 初 | 206個 |

## 2003年のセリーグ成績

| チーム | 勝利 | 敗戦 | 引分 | 勝率 | チーム打率 | チーム防御率 |
|---|---|---|---|---|---|---|
| 阪神タイガース | 87 | 51 | 2 | .630 | .287 | 3.53 |
| 中日ドラゴンズ | 73 | 66 | 1 | .525 | .268 | 3.80 |
| 読売ジャイアンツ | 71 | 66 | 3 | .518 | .262 | 4.43 |
| ヤクルトスワローズ | 71 | 66 | 3 | .518 | .283 | 4.12 |
| 広島東洋カープ | 67 | 71 | 2 | .486 | .259 | 4.23 |
| 横浜ベイスターズ | 45 | 94 | 1 | .324 | .258 | 4.80 |

| 日本シリーズ | |
|---|---|
| ダイエー ○○●●●○○ 阪神 | |
| MVP | 杉内俊哉 |

### 個人タイトル受賞者

| タイトル | 選手名 | 所属チーム | 受賞回数 | 成績 |
|---|---|---|---|---|
| MVP | 井川　慶 | 阪神 | 初 | |
| 最優秀新人 | 木佐貫　洋 | 巨人 | | |
| 首位打者 | 今岡　誠 | 阪神 | 初 | .340 |
| 最多本塁打 | ラミレス | ヤクルト | 初 | 40本 |
| | タイロン・ウッズ | 横浜 | 初 | 40本 |
| 最多打点 | ラミレス | ヤクルト | 初 | 124点 |
| 最多盗塁 | 赤星　憲広 | 阪神 | 3回目 | 61個 |
| 最優秀防御率 | 井川　慶 | 阪神 | 初 | 2.80 |
| 最多勝利 | 井川　慶 | 阪神 | 初 | 20勝 |
| 最高勝率 | 井川　慶 | 阪神 | 初 | .800 |
| 最多奪三振 | 上原　浩治 | 巨人 | 2回目 | 194個 |

## 2004年のセリーグ成績

| チーム | 勝利 | 敗戦 | 引分 | 勝率 | チーム打率 | チーム防御率 |
|---|---|---|---|---|---|---|
| 中日ドラゴンズ | 79 | 56 | 3 | .585 | .274 | 3.86 |
| ヤクルトスワローズ | 72 | 64 | 2 | .529 | .2754 | 4.70 |
| 読売ジャイアンツ | 71 | 64 | 3 | .526 | .2749 | 4.50 |
| 阪神タイガース | 66 | 70 | 2 | .485 | .273 | 4.08 |
| 広島東洋カープ | 60 | 77 | 1 | .438 | .276 | 4.75 |
| 横浜ベイスターズ | 59 | 76 | 3 | .437 | .279 | 4.47 |

| 日本シリーズ | |
|---|---|
| 西武 ○●○●●○○ 中日 | |
| MVP | 石井　貴 |

### 個人タイトル受賞者

| タイトル | 選手名 | 所属チーム | 受賞回数 | 成績 |
|---|---|---|---|---|
| MVP | 川上　憲伸 | 中日 | 初 | |
| 最優秀新人 | 川島　亮 | ヤクルト | | |
| 首位打者 | 嶋　重宣 | 広島 | 初 | .337 |
| 最多本塁打 | ローズ | 巨人 | 4回目 | 45本 |
| | タイロン・ウッズ | 横浜 | 2回目 | 45本 |
| 最多打点 | 金本　知憲 | 阪神 | 初 | 113点 |
| 最多盗塁 | 赤星　憲広 | 阪神 | 4回目 | 64個 |
| 最優秀防御率 | 上原　浩治 | 巨人 | 2回目 | 2.60 |
| 最多勝利 | 川上　憲伸 | 中日 | 初 | 17勝 |
| 最高勝率 | 上原　浩治 | 巨人 | 3回目 | .722 |
| 最多奪三振 | 井川　慶 | 阪神 | 2回目 | 228個 |

## 2005年のセリーグ成績

| チーム | 勝利 | 敗戦 | 引分 | 勝率 | チーム打率 | チーム防御率 |
|---|---|---|---|---|---|---|
| 阪神タイガース | 87 | 54 | 5 | .617 | .274 | 3.24 |
| 中日ドラゴンズ | 79 | 66 | 1 | .545 | .269 | 4.13 |
| 横浜ベイスターズ | 69 | 70 | 7 | .496 | .265 | 3.68 |
| ヤクルトスワローズ | 71 | 73 | 2 | .493 | .276 | 4.00 |
| 読売ジャイアンツ | 62 | 80 | 4 | .437 | .260 | 4.79846 |
| 広島東洋カープ | 58 | 84 | 4 | .408 | .275 | 4.79844 |

| 日本シリーズ | |
|---|---|
| ロッテ ○○○○ 阪神 | |
| MVP | 今江敏晃 |

### 個人タイトル受賞者

| タイトル | 選手名 | 所属チーム | 受賞回数 | 成績 |
|---|---|---|---|---|
| MVP | 金本　知憲 | 阪神 | 初 | |
| 最優秀新人 | 青木　宣親 | ヤクルト | | |
| 首位打者 | 青木　宣親 | ヤクルト | 初 | .344 |
| 最多本塁打 | 新井　貴浩 | 広島 | 初 | 43本 |
| 最多打点 | 今岡　誠 | 阪神 | 初 | 147点 |
| 最多盗塁 | 赤星　憲広 | 阪神 | 5回目 | 60個 |
| 最優秀防御率 | 三浦　大輔 | 横浜 | 初 | 2.52 |
| 最多勝利 | 下柳　剛 | 阪神 | 初 | 15勝 |
| | 黒田　博樹 | 広島 | 初 | 15勝 |
| 最高勝率 | 安藤　優也 | 阪神 | 初 | .688 |
| 最多奪三振 | 門倉　健 | 横浜 | 初 | 177個 |
| | 三浦　大輔 | 横浜 | 初 | 177個 |

## 2006年のセリーグ成績

| チーム | 勝利 | 敗戦 | 引分 | 勝率 | チーム打率 | チーム防御率 |
|---|---|---|---|---|---|---|
| 中日ドラゴンズ | 87 | 54 | 5 | .617 | .270 | 3.10 |
| 阪神タイガース | 84 | 58 | 4 | .592 | .267 | 3.13 |
| 東京ヤクルトスワローズ | 70 | 73 | 3 | .490 | .269 | 3.91 |
| 読売ジャイアンツ | 65 | 79 | 2 | .451 | .251 | 3.65 |
| 広島東洋カープ | 62 | 79 | 5 | .440 | .266 | 3.96 |
| 横浜ベイスターズ | 58 | 84 | 4 | .408 | .257 | 4.25 |

| 日本シリーズ | |
|---|---|
| 日本ハム ●○○○○ 中日 | |
| MVP | 稲葉篤紀 |

### 個人タイトル受賞者

| タイトル | 選手名 | 所属チーム | 受賞回数 | 成績 |
|---|---|---|---|---|
| MVP | 福留　孝介 | 中日 | 初 | |
| 最優秀新人 | 梵　英心 | 広島 | | |
| 首位打者 | 福留　孝介 | 中日 | 2回目 | .351 |
| 最多本塁打 | タイロン・ウッズ | 中日 | 3回目 | 47本 |
| 最多打点 | タイロン・ウッズ | 中日 | 初 | 144点 |
| 最多盗塁 | 青木　宣親 | ヤクルト | 初 | 41個 |
| 最優秀防御率 | 黒田　博樹 | 広島 | 初 | 1.85 |
| 最多勝利 | 川上　憲伸 | 中日 | 2回目 | 17勝 |
| 最高勝率 | 川上　憲伸 | 中日 | 初 | .708 |
| 最多奪三振 | 川上　憲伸 | 中日 | 初 | 194個 |
| | 井川　慶 | 阪神 | 3回目 | 194個 |

## 2007年のセリーグ成績

| チーム | 勝利 | 敗戦 | 引分 | 勝率 | チーム打率 | チーム防御率 |
|---|---|---|---|---|---|---|
| 読売ジャイアンツ | 80 | 63 | 1 | .559 | .276 | 3.58 |
| 中日ドラゴンズ | 78 | 64 | 2 | .549 | .261 | 3.59 |
| 阪神タイガース | 74 | 66 | 4 | .529 | .255 | 3.56 |
| 横浜ベイスターズ | 71 | 72 | 1 | .497 | .265 | 4.01 |
| 広島東洋カープ | 60 | 82 | 2 | .423 | .263 | 4.22 |
| 東京ヤクルトスワローズ | 60 | 84 | 0 | .417 | .269 | 4.07 |

| クライマックスシリーズ | |
|---|---|
| 第一 | 第二 |
| 中日 ○○ 阪神 | 中日 ○○○ 巨人 |

| 日本シリーズ | |
|---|---|
| 中日 ●○○○○ 日本ハム | |
| MVP | 中村紀洋 |

### 個人タイトル受賞者

| タイトル | 選手名 | 所属チーム | 受賞回数 | 成績 |
|---|---|---|---|---|
| MVP | 小笠原道大 | 巨人 | 2回目 | |
| 最優秀新人 | 上園 啓史 | 阪神 | | |
| 首位打者 | 青木 宣親 | ヤクルト | 2回目 | .346 |
| 最多本塁打 | 村田 修一 | 横浜 | 初 | 36本 |
| 最多打点 | ラミレス | ヤクルト | 2回目 | 122点 |
| 最多盗塁 | 荒木 雅博 | 中日 | 初 | 31個 |
| 最優秀防御率 | 高橋 尚成 | 巨人 | 初 | 2.75 |
| 最多勝利 | グライシンガー | ヤクルト | 初 | 16勝 |
| 最高勝率 | 高橋 尚成 | 巨人 | 初 | .778 |
| 最多奪三振 | 内海 哲也 | 巨人 | 初 | 180個 |

## 2008年のセリーグ成績

| チーム | 勝利 | 敗戦 | 引分 | 勝率 | チーム打率 | チーム防御率 |
|---|---|---|---|---|---|---|
| 読売ジャイアンツ | 84 | 57 | 3 | .596 | .26577 | 3.37 |
| 阪神タイガース | 82 | 59 | 3 | .582 | .268 | 3.29 |
| 中日ドラゴンズ | 71 | 68 | 5 | .511 | .253 | 3.53 |
| 広島東洋カープ | 69 | 70 | 5 | .496 | .271 | 3.78 |
| 東京ヤクルトスワローズ | 66 | 74 | 4 | .471 | .26576 | 3.75 |
| 横浜ベイスターズ | 48 | 94 | 2 | .338 | .2655 | 4.74 |

| クライマックスシリーズ | |
|---|---|
| 第一 | 第二 |
| 中日 ○●○ 阪神 | 巨人 ☆●○△○ 中日 |

※この年からシーズン1位チームに1勝（☆）が付与されるようになった

| 日本シリーズ | |
|---|---|
| 西武 ○●●○●○○ 巨人 | |
| MVP | 岸　孝之 |

### 個人タイトル受賞者

| タイトル | 選手名 | 所属チーム | 受賞回数 | 成績 |
|---|---|---|---|---|
| MVP | ラミレス | 巨人 | 初 | |
| 最優秀新人 | 山口　鉄也 | 巨人 | | |
| 首位打者 | 内川　聖一 | 横浜 | 初 | .378 |
| 最多本塁打 | 村田　修一 | 横浜 | 2回目 | 46本 |
| 最多打点 | ラミレス | 巨人 | 3回目 | 125点 |
| 最多盗塁 | 福地　寿樹 | ヤクルト | 初 | 42個 |
| 最優秀防御率 | 石川　雅規 | ヤクルト | 初 | 2.68 |
| 最多勝利 | グライシンガー | 巨人 | 2回目 | 17勝 |
| 最高勝率 | 館山　昌平 | ヤクルト | 初 | .800 |
| 最多奪三振 | ルイス | 広島 | 初 | 183個 |

# 2009年のセリーグ成績

| チーム | 勝利 | 敗戦 | 引分 | 勝率 | チーム打率 | チーム防御率 |
|---|---|---|---|---|---|---|
| 読売ジャイアンツ | 89 | 46 | 9 | .659 | .275 | 2.94 |
| 中日ドラゴンズ | 81 | 62 | 1 | .566 | .258 | 3.17 |
| 東京ヤクルトスワローズ | 71 | 72 | 1 | .497 | .259 | 3.97 |
| 阪神タイガース | 67 | 73 | 4 | .479 | .255 | 3.28 |
| 広島東洋カープ | 65 | 75 | 4 | .464 | .245 | 3.59 |
| 横浜ベイスターズ | 51 | 93 | 0 | .354 | .239 | 4.36 |

| クライマックスシリーズ | |
|---|---|
| 第一 | 第二 |
| 中日 ●○○ ヤクルト | 巨人 ☆●○○○ 中日 |

| 日本シリーズ | |
|---|---|
| 巨人 ○●○●○○ 日本ハム | |
| MVP | 阿部慎之助 |

## 個人タイトル受賞者

| タイトル | 選手名 | 所属チーム | 受賞回数 | 成績 |
|---|---|---|---|---|
| MVP | ラミレス | 巨人 | 2回目 | |
| 最優秀新人 | 松本　哲也 | 巨人 | | |
| 首位打者 | ラミレス | 巨人 | 初 | .322 |
| 最多本塁打 | ブランコ | 中日 | 初 | 39本 |
| 最多打点 | ブランコ | 中日 | 初 | 110点 |
| 最多盗塁 | 福地　寿樹 | ヤクルト | 2回目 | 42個 |
| 最優秀防御率 | チェン | 中日 | 初 | 1.54 |
| 最多勝利 | 吉見　一起 | 中日 | 初 | 16勝 |
| | 館山　昌平 | ヤクルト | 初 | 16勝 |
| 最高勝率 | ゴンザレス | 巨人 | 初 | .882 |
| 最多奪三振 | ルイス | 広島 | 2回目 | 186個 |

## 2010年のセリーグ成績

| チーム | 勝利 | 敗戦 | 引分 | 勝率 | チーム打率 | チーム防御率 |
|---|---|---|---|---|---|---|
| 中日ドラゴンズ | 79 | 62 | 3 | .560 | .259 | 3.29 |
| 阪神タイガース | 78 | 63 | 3 | .553 | .290 | 4.05 |
| 読売ジャイアンツ | 79 | 64 | 1 | .552 | .266 | 3.89 |
| 東京ヤクルトスワローズ | 72 | 68 | 4 | .514 | .268 | 3.85 |
| 広島東洋カープ | 58 | 84 | 2 | .408 | .263 | 4.80 |
| 横浜ベイスターズ | 48 | 95 | 1 | .336 | .255 | 4.88 |

| クライマックスシリーズ | |
|---|---|
| ファースト | ファイナル |
| 巨人 ○○ 阪神 | 中日 ☆○○●○ 巨人 |

| 日本シリーズ | |
|---|---|
| ロッテ ○●○●○△○ 中日 | |
| MVP | 今江敏晃 |

### 個人タイトル受賞者

| タイトル | 選手名 | 所属チーム | 受賞回数 | 成績 |
|---|---|---|---|---|
| MVP | 和田　一浩 | 中日 | 初 | |
| 最優秀新人 | 長野　久義 | 巨人 | | |
| 首位打者 | 青木　宣親 | ヤクルト | 3回目 | .358 |
| 最多本塁打 | ラミレス | 巨人 | 2回目 | 49本 |
| 最多打点 | ラミレス | 巨人 | 4回目 | 129点 |
| 最多盗塁 | 梵　英心 | 広島 | 初 | 43個 |
| 最優秀防御率 | 前田　健太 | 広島 | 初 | 2.21 |
| 最多勝利 | 前田　健太 | 広島 | 初 | 15勝 |
| 最高勝率 | 久保　康友 | 阪神 | 初 | .737 |
| 最多奪三振 | 前田　健太 | 広島 | 初 | 174個 |

## 2011年のセリーグ成績

| チーム | 勝利 | 敗戦 | 引分 | 勝率 | チーム打率 | チーム防御率 |
|---|---|---|---|---|---|---|
| 中日ドラゴンズ | 75 | 59 | 10 | .560 | .228 | 2.46 |
| 東京ヤクルトスワローズ | 70 | 59 | 15 | .543 | .244 | 3.36 |
| 読売ジャイアンツ | 71 | 62 | 11 | .534 | .243 | 2.61 |
| 阪神タイガース | 68 | 70 | 6 | .493 | .255 | 2.83 |
| 広島東洋カープ | 60 | 76 | 8 | .441 | .245 | 3.22 |
| 横浜ベイスターズ | 47 | 86 | 11 | .353 | .239 | 3.87 |

| クライマックスシリーズ | |
|---|---|
| ファースト | ファイナル |
| ヤクルト ○●○ 巨人 | 中日 ☆○●●○○ ヤクルト |

| 日本シリーズ | |
|---|---|
| ソフトバンク ●●○○○●○ 中日 | |
| MVP | 小久保裕紀 |

### 個人タイトル受賞者

| タイトル | 選手名 | 所属チーム | 受賞回数 | 成績 |
|---|---|---|---|---|
| MVP | 浅尾　拓也 | 中日 | 初 | |
| 最優秀新人 | 澤村　拓一 | 巨人 | | |
| 首位打者 | 長野　久義 | 巨人 | 初 | .316 |
| 最多本塁打 | バレンティン | ヤクルト | 初 | 31本 |
| 最多打点 | 新井　貴浩 | 阪神 | 初 | 93点 |
| 最多盗塁 | 藤村　大介 | 巨人 | 初 | 28個 |
| 最優秀防御率 | 吉見　一起 | 中日 | 初 | 1.65 |
| 最多勝利 | 吉見　一起 | 中日 | 2回目 | 18勝 |
| | 内海　哲也 | 巨人 | 初 | 18勝 |
| 最高勝率 | 吉見　一起 | 中日 | 初 | .857 |
| 最多奪三振 | 前田　健太 | 広島 | 2回目 | 192個 |

## 2012年のセリーグ成績

| チーム | 勝利 | 敗戦 | 引分 | 勝率 | チーム打率 | チーム防御率 |
|---|---|---|---|---|---|---|
| 読売ジャイアンツ | 86 | 43 | 15 | .667 | .256 | 2.16 |
| 中日ドラゴンズ | 75 | 53 | 16 | .586 | .245 | 2.58 |
| 東京ヤクルトスワローズ | 68 | 65 | 11 | .511 | .260 | 3.35 |
| 広島東洋カープ | 61 | 71 | 12 | .462 | .23342 | 2.72 |
| 阪神タイガース | 55 | 75 | 14 | .423 | .236 | 2.65 |
| 横浜DeNAベイスターズ | 46 | 85 | 13 | .351 | .23340 | 3.76 |

| クライマックスシリーズ | |
|---|---|
| ファースト | ファイナル |
| 中日 ○●○ ヤクルト | 巨人 ☆●●●○○○ 中日 |

| 日本シリーズ | |
|---|---|
| 巨人 ○○●●○○ 日本ハム | |
| MVP | 内海哲也 |

### 個人タイトル受賞者

| タイトル | 選手名 | 所属チーム | 受賞回数 | 成績 |
|---|---|---|---|---|
| MVP | 阿部慎之助 | 巨人 | 初 | |
| 最優秀新人 | 野村　祐輔 | 広島 | | |
| 首位打者 | 阿部慎之助 | 巨人 | 初 | .340 |
| 最多本塁打 | バレンティン | ヤクルト | 2回目 | 31本 |
| 最多打点 | 阿部慎之助 | 巨人 | 初 | 104点 |
| 最多盗塁 | 大島　洋平 | 中日 | 初 | 32個 |
| 最優秀防御率 | 前田　健太 | 広島 | 2回目 | 1.53 |
| 最多勝利 | 内海　哲也 | 巨人 | 2回目 | 15勝 |
| 最高勝率 | 杉内　俊哉 | 巨人 | 3回目 | .750 |
| 最多奪三振 | 杉内　俊哉 | 巨人 | 3回目 | 172個 |
| | 能見　篤史 | 阪神 | 初 | 172個 |

## 2013年のセリーグ成績

| チーム | 勝利 | 敗戦 | 引分 | 勝率 | チーム打率 | チーム防御率 |
|---|---|---|---|---|---|---|
| 読売ジャイアンツ | 84 | 53 | 7 | .613 | .2619 | 3.21 |
| 阪神タイガース | 73 | 67 | 4 | .521 | .255 | 3.07 |
| 広島東洋カープ | 69 | 72 | 3 | .489 | .248 | 3.46 |
| 中日ドラゴンズ | 64 | 77 | 3 | .454 | .245 | 3.81 |
| 横浜DeNAベイスターズ | 64 | 79 | 1 | .448 | .2617 | 4.50 |
| 東京ヤクルトスワローズ | 57 | 83 | 4 | .407 | .253 | 4.26 |

| クライマックスシリーズ | |
|---|---|
| ファースト | ファイナル |
| 広島 ○○ 阪神 | 巨人 ☆○○○ 広島 |

| 日本シリーズ | |
|---|---|
| 楽天 ●○○●○●○ 巨人 | |
| MVP | 美馬　学 |

### 個人タイトル受賞者

| タイトル | 選手名 | 所属チーム | 受賞回数 | 成績 |
|---|---|---|---|---|
| MVP | バレンティン | ヤクルト | 初 | |
| 最優秀新人 | 小川　泰弘 | ヤクルト | | |
| 首位打者 | ブランコ | DeNA | 初 | .333 |
| 最多本塁打 | バレンティン | ヤクルト | 3回目 | 60本 |
| 最多打点 | ブランコ | DeNA | 2回目 | 136点 |
| 最多盗塁 | 丸　佳浩 | 広島 | 初 | 29個 |
| 最優秀防御率 | 前田　健太 | 広島 | 3回目 | 2.10 |
| 最多勝利 | 小川　泰弘 | ヤクルト | 初 | 16勝 |
| 最高勝率 | 小川　泰弘 | ヤクルト | 初 | .800 |
| 最多奪三振 | メッセンジャー | 阪神 | 初 | 183個 |

## 2014年のセリーグ成績

| チーム | 勝利 | 敗戦 | 引分 | 勝率 | チーム打率 | チーム防御率 |
|---|---|---|---|---|---|---|
| 読売ジャイアンツ | 82 | 61 | 1 | .573 | .257 | 3.58 |
| 阪神タイガース | 75 | 68 | 1 | .524 | .264 | 3.88 |
| 広島東洋カープ | 74 | 68 | 2 | .521 | .272 | 3.79 |
| 中日ドラゴンズ | 67 | 73 | 4 | .479 | .258 | 3.69 |
| 横浜DeNAベイスターズ | 67 | 75 | 2 | .472 | .253 | 3.76 |
| 東京ヤクルトスワローズ | 60 | 81 | 3 | .426 | .279 | 4.62 |

| クライマックスシリーズ | |
|---|---|
| ファースト | ファイナル |
| 阪神 ○△ 広島 | 阪神 ★○○○○ 巨人 |

| 日本シリーズ | |
|---|---|
| ソフトバンク ●○○○○ 阪神 | |
| MVP | 内川聖一 |

### 個人タイトル受賞者

| タイトル | 選手名 | 所属チーム | 受賞回数 | 成績 |
|---|---|---|---|---|
| MVP | 菅野　智之 | 巨人 | 初 | |
| 最優秀新人 | 大瀬良大地 | 広島 | | |
| 首位打者 | マートン | 阪神 | 初 | .338 |
| 最多本塁打 | エルドレッド | 広島 | 初 | 37本 |
| 最多打点 | ゴメス | 阪神 | 初 | 109点 |
| 最多盗塁 | 梶谷　隆幸 | DeNA | 初 | 39個 |
| 最優秀防御率 | 菅野　智之 | 巨人 | 初 | 2.33 |
| 最多勝利 | メッセンジャー | 阪神 | 初 | 13勝 |
| | 山井　大介 | 中日 | 初 | 13勝 |
| 最高勝率 | 山井　大介 | 中日 | 初 | .722 |
| 最多奪三振 | メッセンジャー | 阪神 | 2回目 | 226個 |

## 2015年のセリーグ成績

| チーム | 勝利 | 敗戦 | 引分 | 勝率 | チーム打率 | チーム防御率 |
|---|---|---|---|---|---|---|
| 東京ヤクルトスワローズ | 76 | 65 | 2 | .539 | .257 | 3.31 |
| 読売ジャイアンツ | 75 | 67 | 1 | .528 | .243 | 2.78 |
| 阪神タイガース | 70 | 71 | 2 | .496 | .247 | 3.47 |
| 広島東洋カープ | 69 | 71 | 3 | .493 | .246 | 2.92 |
| 中日ドラゴンズ | 62 | 77 | 4 | .446 | .253 | 3.19 |
| 横浜DeNAベイスターズ | 62 | 80 | 1 | .437 | .249 | 3.80 |

| クライマックスシリーズ | |
|---|---|
| ファースト | ファイナル |
| 巨人 ○●○ 阪神 | ヤクルト ☆●○○○巨人 |

| 日本シリーズ | |
|---|---|
| ソフトバンク ○○●○○ ヤクルト | |
| MVP | 李　大浩 |

### 個人タイトル受賞者

| タイトル | 選手名 | 所属チーム | 受賞回数 | 成績 |
|---|---|---|---|---|
| MVP | 山田　哲人 | ヤクルト | 初 | |
| 最優秀新人 | 山崎　康晃 | DeNA | | |
| 首位打者 | 川端　慎吾 | ヤクルト | 初 | .336 |
| 最多本塁打 | 山田　哲人 | ヤクルト | 初 | 38本 |
| 最多打点 | 畠山　和洋 | ヤクルト | 初 | 105点 |
| 最多盗塁 | 山田　哲人 | ヤクルト | 初 | 34個 |
| 最優秀防御率 | ジョンソン | 広島 | 初 | 1.85 |
| 最多勝利 | 前田　健太 | 広島 | 2回目 | 15勝 |
| 最高勝率 | マイコラス | 巨人 | 初 | .813 |
| 最多奪三振 | 藤浪慎太郎 | 阪神 | 初 | 221個 |

## 2016年のセリーグ成績

| チーム | 勝利 | 敗戦 | 引分 | 勝率 | チーム打率 | チーム防御率 |
|---|---|---|---|---|---|---|
| 広島東洋カープ | 89 | 52 | 2 | .631 | .272 | 3.20 |
| 読売ジャイアンツ | 71 | 69 | 3 | .507 | .251 | 3.45 |
| 横浜DeNAベイスターズ | 69 | 71 | 3 | .493 | .249 | 3.76 |
| 阪神タイガース | 64 | 76 | 3 | .457 | .2445 | 3.38 |
| 東京ヤクルトスワローズ | 64 | 78 | 1 | .451 | .256 | 4.73 |
| 中日ドラゴンズ | 58 | 82 | 3 | .414 | .2451 | 3.65 |

| クライマックスシリーズ | |
|---|---|
| ファースト | ファイナル |
| DeNA ○●○ 巨人 | 広島 ☆○○●○ DeNA |

| 日本シリーズ | |
|---|---|
| 日本ハム ●●○○○○ 広島 | |
| MVP | B・レアード |

### 個人タイトル受賞者

| タイトル | 選手名 | 所属チーム | 受賞回数 | 成績 |
|---|---|---|---|---|
| MVP | 新井　貴浩 | 広島 | 初 | |
| 最優秀新人 | 髙山　俊 | 阪神 | | |
| 首位打者 | 坂本　勇人 | 巨人 | 初 | .344 |
| 最多本塁打 | 筒香　嘉智 | DeNA | 初 | 44本 |
| 最多打点 | 筒香　嘉智 | DeNA | 初 | 110点 |
| 最多盗塁 | 山田　哲人 | ヤクルト | 2回目 | 30個 |
| 最優秀防御率 | 菅野　智之 | 巨人 | 2回目 | 2.01 |
| 最多勝利 | 野村　祐輔 | 広島 | 初 | 16勝 |
| 最高勝率 | 野村　祐輔 | 広島 | 初 | .842 |
| 最多奪三振 | 菅野　智之 | 巨人 | 初 | 189個 |

## 2017年のセリーグ成績

| チーム | 勝利 | 敗戦 | 引分 | 勝率 | チーム打率 | チーム防御率 |
|---|---|---|---|---|---|---|
| 広島東洋カープ | 88 | 51 | 4 | .633 | .273 | 3.39 |
| 阪神タイガース | 78 | 61 | 4 | .561 | .2485 | 3.29 |
| 横浜DeNAベイスターズ | 73 | 65 | 5 | .529 | .252 | 3.81 |
| 読売ジャイアンツ | 72 | 68 | 3 | .514 | .2492 | 3.31 |
| 中日ドラゴンズ | 59 | 79 | 5 | .428 | .247 | 4.05 |
| 東京ヤクルトスワローズ | 45 | 96 | 2 | .319 | .234 | 4.21 |

| クライマックスシリーズ | |
|---|---|
| ファースト | ファイナル |
| DeNA ●○○ 阪神 | DeNA ★●○○○○ 広島 |

| 日本シリーズ | |
|---|---|
| ソフトバンク ○○○●●○ DeNA | |
| MVP | D・サファテ |

### 個人タイトル受賞者

| タイトル | 選手名 | 所属チーム | 受賞回数 | 成績 |
|---|---|---|---|---|
| MVP | 丸　佳浩 | 広島 | 初 | |
| 最優秀新人 | 京田　陽太 | 中日 | | |
| 首位打者 | 宮﨑　敏郎 | DeNA | 初 | .323 |
| 最多本塁打 | ゲレーロ | 中日 | 初 | 35本 |
| 最多打点 | ロペス | DeNA | 初 | 105点 |
| 最多盗塁 | 田中　広輔 | 広島 | 初 | 35個 |
| 最優秀防御率 | 菅野　智之 | 巨人 | 3回目 | 1.59 |
| 最多勝利 | 菅野　智之 | 巨人 | 初 | 17勝 |
| 最高勝率 | 薮田　和樹 | 広島 | 初 | .833 |
| 最多奪三振 | マイコラス | 巨人 | 初 | 187個 |

## 2018年のセリーグ成績

| チーム | 勝利 | 敗戦 | 引分 | 勝率 | チーム打率 | チーム防御率 |
|---|---|---|---|---|---|---|
| 広島東洋カープ | 82 | 59 | 2 | .582 | .262 | 4.12 |
| 東京ヤクルトスワローズ | 75 | 66 | 2 | .532 | .266 | 4.13 |
| 読売ジャイアンツ | 67 | 71 | 5 | .486 | .257 | 3.79 |
| 横浜DeNAベイスターズ | 67 | 74 | 2 | .475 | .250 | 4.18 |
| 中日ドラゴンズ | 63 | 78 | 2 | .447 | .265 | 4.36 |
| 阪神タイガース | 62 | 79 | 2 | .440 | .253 | 4.03 |

| クライマックスシリーズ | |
|---|---|
| ファースト | ファイナル |
| 巨人 ○○ ヤクルト | 広島 ☆○○○ 巨人 |

| 日本シリーズ | |
|---|---|
| ソフトバンク △●○○○○ 広島 | |
| MVP | 甲斐拓也 |

### 個人タイトル受賞者

| タイトル | 選手名 | 所属チーム | 受賞回数 | 成績 |
|---|---|---|---|---|
| MVP | 丸　佳浩 | 広島 | 2回目 | |
| 最優秀新人 | 東　克樹 | DeNA | | |
| 首位打者 | ビシエド | 中日 | 初 | .348 |
| 最多本塁打 | ソト | DeNA | 初 | 41本 |
| 最多打点 | バレンティン | ヤクルト | 初 | 131点 |
| 最多盗塁 | 山田　哲人 | ヤクルト | 3回目 | 33個 |
| 最優秀防御率 | 菅野　智之 | 巨人 | 4回目 | 2.14 |
| 最多勝利 | 大瀬良大地 | 広島 | 初 | 15勝 |
| | 菅野　智之 | 巨人 | 2回目 | 15勝 |
| 最高勝率 | 大瀬良大地 | 広島 | 初 | .682 |
| 最多奪三振 | 菅野　智之 | 巨人 | 2回目 | 200個 |

## 2019年のセリーグ成績

| チーム | 勝利 | 敗戦 | 引分 | 勝率 | チーム打率 | チーム防御率 |
|---|---|---|---|---|---|---|
| 読売ジャイアンツ | 77 | 64 | 2 | .546 | .257 | 3.77 |
| 横浜DeNAベイスターズ | 71 | 69 | 3 | .507 | .246 | 3.93 |
| 阪神タイガース | 69 | 68 | 6 | .504 | .251 | 3.46 |
| 広島東洋カープ | 70 | 70 | 3 | .500 | .254 | 3.68 |
| 中日ドラゴンズ | 68 | 73 | 2 | .482 | .263 | 3.72 |
| 東京ヤクルトスワローズ | 59 | 82 | 2 | .418 | .244 | 4.78 |

| クライマックスシリーズ | |
|---|---|
| ファースト | ファイナル |
| 阪神 ○●○ DeNA | 巨人 ☆○○●○ 阪神 |

| 日本シリーズ | |
|---|---|
| ソフトバンク ○○○○ 巨人 | |
| MVP | Y・グラシアル |

### 個人タイトル受賞者

| タイトル | 選手名 | 所属チーム | 受賞回数 | 成績 |
|---|---|---|---|---|
| MVP | 坂本　勇人 | 巨人 | 初 | |
| 最優秀新人 | 村上　宗隆 | ヤクルト | | |
| 首位打者 | 鈴木　誠也 | 広島 | 初 | .335 |
| 最多本塁打 | ソト | DeNA | 2回目 | 43本 |
| 最多打点 | ソト | DeNA | 初 | 108点 |
| 最多盗塁 | 近本　光司 | 阪神 | 初 | 36個 |
| 最優秀防御率 | 大野　雄大 | 中日 | 初 | 2.58 |
| 最多勝利 | 山口　俊 | 巨人 | 初 | 15勝 |
| 最高勝率 | 山口　俊 | 巨人 | 初 | .789 |
| 最多奪三振 | 山口　俊 | 巨人 | 初 | 188個 |

## 2020年のセリーグ成績

| チーム | 勝利 | 敗戦 | 引分 | 勝率 | チーム打率 | チーム防御率 |
| --- | --- | --- | --- | --- | --- | --- |
| 読売ジャイアンツ | 67 | 45 | 8 | .598 | .255 | 3.34 |
| 阪神タイガース | 60 | 53 | 7 | .531 | .246 | 3.35 |
| 中日ドラゴンズ | 60 | 55 | 5 | .522 | .252 | 3.84 |
| 横浜DeNAベイスターズ | 56 | 58 | 6 | .491 | .266 | 3.76 |
| 広島東洋カープ | 52 | 56 | 12 | .481 | .262 | 4.06 |
| 東京ヤクルトスワローズ | 41 | 69 | 10 | .373 | .242 | 4.61 |

クライマックスシリーズは新型コロナウイルスの影響で不開催

| 日本シリーズ | |
| --- | --- |
| ソフトバンク ○○○○ 巨人 | |
| MVP | 栗原陵矢 |

### 個人タイトル受賞者

| タイトル | 選手名 | 所属チーム | 受賞回数 | 成績 |
| --- | --- | --- | --- | --- |
| MVP | 菅野　智之 | 巨人 | 2回目 | |
| 最優秀新人 | 森下　暢仁 | 広島 | | |
| 首位打者 | 佐野　恵太 | DeNA | 初 | .328 |
| 最多本塁打 | 岡本　和真 | 巨人 | 初 | 31本 |
| 最多打点 | 岡本　和真 | 巨人 | 初 | 97点 |
| 最多盗塁 | 近本　光司 | 阪神 | 2回目 | 31個 |
| 最優秀防御率 | 大野　雄大 | 中日 | 2回目 | 1.82 |
| 最多勝利 | 菅野　智之 | 巨人 | 3回目 | 14勝 |
| 最高勝率 | 菅野　智之 | 巨人 | 初 | .875 |
| 最多奪三振 | 大野　雄大 | 中日 | 初 | 148個 |

カバー・帯デザイン／勝浦悠介
図版作成／デザイン・プレイス・デマンド

ゴジキ(@godziki_55)
試合全体からワンプレーにいたるまで、徹底分析を重ねたツイートで、ファンである巨人軍の選手を含めて14,000人以上にフォロー(2021年1月現在)される人気アカウント。「REAL SPORTS」、「THE DIGEST(Slugger)」、「本がすき。」などの媒体で、巨人軍や高校野球の内容を中心に執筆している。2020年9月から光文社新書noteにて「ゴジキの巨人軍解体新書」が連載開始された。本書が初の著書となる。好きな選手は松井秀喜と坂本勇人。

巨人軍解体新書《きょじんぐんかいたいしんしょ》

2021年3月30日初版1刷発行

著　者 ── ゴジキ(@godziki_55)
発行者 ── 田邉浩司
装　幀 ── アラン・チャン
印刷所 ── 堀内印刷
製本所 ── ナショナル製本
発行所 ── 株式会社光文社
東京都文京区音羽1-16-6(〒112-8011)
https://www.kobunsha.com/
電　話 ── 編集部03(5395)8289 書籍販売部03(5395)8116
業務部03(5395)8125
メール ── sinsyo@kobunsha.com

 ISBN 978-4-334-04531-9

# 光文社新書

1121

## ルポ 婚難の時代
### 悩む親、母になりたい娘、夢見るシニア

筋野茜
尾原佐和子
井上詞子

住職がサポートする「寺コン」、親が相手を探す「代理婚活」、コロナ禍での「オンライン婚活」など、十人十色の婚活模様と日本人の結婚観を共同通信の女性記者三人が徹底取材！

978-4-334-04528-9

1122

## 未来は決まっており、自分の意志など存在しない。
### 心理学的決定論

妹尾武治

「我々の自由意志とは錯覚であり、幻想である」——心理学、生理学、脳科学、量子論、人工知能、仏教、哲学、アート、文学、サブカルを横断し、気鋭の研究者が世界の秘密に挑む。

978-4-334-04529-6

1123

## ドレミファソラシは虹の七色？
### 知られざる「共感覚」の世界

伊藤浩介

「真っ赤な嘘」は、なぜ赤色？・「いろいろ」は、なぜ「色々」？・音や文字に色を感じる〝共感覚〟はなぜ生じるのか。気鋭の脳科学研究者による、ヒトの認知の不思議に迫るスリリングな一冊。

978-4-334-04530-2

1124

## 巨人軍解体新書

ゴジキ
(@godziki_55)

ファンもアンチも日本一多い球団、読売ジャイアンツの「勝利の哲学」とは。巨人軍の21世紀のスター選手たちを振り返りながら、パ・リーグへの対抗策を考える。

978-4-334-04531-9

1125

## 20世紀論争史
### 現代思想の源泉

高橋昌一郎

現代の思想を理解するためには、20世紀の偉大な知性が議論を重ねた諸問題を踏まえなくてはならない。「教授」と「助手」が時にユーモラスに対話しながら道案内を務める知の論争史。

978-4-334-04532-6